勇闖未來世界的
10件寶物

范曉雯　編著

目　錄

寶物九　他們，你們，我

寶物十　地球是平的

推薦序一
因為你在做自己很喜歡的事

「因為你在做自己很喜歡的事，所以不會有在熬的感覺，不會有在等待什麼東西的感覺，不是在等待成功的那一天」──九把刀

　　這句話最足以說明曉雯對作文教學的熱忱與堅持。

　　認識曉雯快二十年，這麼多年來，每每在學年結束時，她任教的學生都會收到一樣與眾不同、量身打造，專屬當屆學生的禮物──作文匯集。每當我也收到這份禮物時，與學生有著一樣的喜悅、欽佩。學生喜悅著自己作品登出的榮耀；我欽佩著好友對興趣的堅持。這樣獨特的禮物，不因曉雯教授不同年級而中斷，而這項工作如果沒有一份熱忱與喜愛是無法持續的，若沒有了熱忱，教師都可能失去教學的情趣，更別說耗費許多的精神去批閱學生的作品，大量的啃食坊間的作品累積自己實力，以便尋找適當的教材，另外還得思索、設計有趣且學生願意書寫的題材，更要跨界在音樂、電影、漫畫、科普……做生動的POWER　POINT引起學生的參與，希望他們能提起手中那隻沉重的筆，讓寫作不再是學生的受難日，而是能揮灑自己的一片風景。

　　曉雯這次出書，以主題式方式呈現作文題材，題材範圍廣泛而豐富，大至生態保護、國家社會，小至個人自我

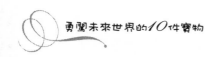

的追尋、理想價值判斷……都涵蓋其中，每類主題更安排相關題目，每個題目皆附說明與範例，有了範例就如「夜航的輪船有了羅盤指引，夜航的飛機有了燈塔導航，就不至於失去方向」，我想這本書能引導學子，讓寫作是有脈絡可依循，不再視作文為避之惟恐不及的課程。

　　以往只有學生和少數人能分享曉雯多年作文教學的精萃，此次曉雯的出書，勢必能讓更多有志於作文教學的同業多了一份參閱的書籍，誠摯的推薦，相信這本不單是一本作文書，從書中你會感受到作者的一份真心與熱情。

李錦華

台北市立成功高中資深教師

第四屆濟城文藝營總策劃

推薦序二

這一刻還是來臨了

一

　　終於，這一刻還是來臨了。

　　你的手也許有些顫抖，翻開試卷就如同掀開命運的簾幕，你不知道看到這次的作文題目時，是欣喜，是興奮，還是沮喪？但是你還是看到題目了，那也許是一題你從未看過的題型，你開始動員腦中所有的詞彙，還要不時關注手錶上時針分針奔走的速度，提醒自己務必在鐘響前寫完。

　　如果你是學生，對這種狀況應該不陌生吧！如何針對每種不同的非選擇題型，找到最適當的切入點，切中肯綮？如何才能能言之有物、感動人心，又能申述己意，盡情發揮，然後在分數成績上有所斬獲？這是每個學子都想問的問題。

　　有了這本書，你跟這一題的答案可以近一點。

　　這本書有十種不同主題，每種主題都提供了相關的題目、寫作引導、範文、賞析，讓你可以在短時間內了解題型、明白各題型寫作的要領，更有信心迎接每一次掀開非選擇試題的那一刻。

二

　　也許你期待，也許你抗拒，但這一年總是來了。

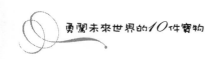

　　你帶的孩子終於上了高三，對寫作的焦慮與日俱增。身為老師的你，看到學生認真練習的模樣，專注積極的眼神，你一直想要給他們更多練習，更精準的引導，也許你還希望他們在寫作之餘，能領著他們探索自我、關懷他人和社會，以及培養面對挫折的能力，但在繁忙的教學工作中，卻又難免力不從心，不知從何開始。

　　有了這本書，你的焦慮可以少一點。

　　曉雯老師長期在高中作文的領域中耕耘，累積大量的教學經驗與寫作祕方。在此之前已出版兩本著作。《新型作文瞭望台》屬於題型教學，藉此得以一窺作文各式題型，鑑往而可知來；《含英咀華：作文學習DIY》則是屬於文體教學，含涉了記物、寫景、說理等不同文體的寫作方式。而今這本《勇闖未來世界的10件寶物》則屬主題教學，可幫助老師設計教學活動、寫作題目。然而，這本書的好處還不只於此。

　　看到本書的編排與設計，我於是知道曉雯老師別有用心。她冀望在寫作過程中能夠訓練孩子們思考反省的能力，對自己、對他人、對整個社會，能夠用深度的思維，面對未來的挑戰。於是作文不再只是紙上的作業、不再只是獵取高分、名校的工具，它還是訓練自己的工具，也是指向未來的路標。

　　一本書不可能做到一切。但這本書是很好的工具，幫助那些在制式作文、考高分之外，還想給學生更多東西的老師。

三

學生時期，得遇良師是幸運的；當了老師之後，還能遇到良師，幫助自己在專業上進步，則是幸運中的幸運。

進到成功之後，慢慢發現科裡的老師個個身懷絕技。有的老師長於班級經營；有的老師專精於多項語文領域；有的老師精熟教材；有的則在精熟之後，還會跟同事們分享，而范老師就是屬於後者。

有教學演示，她會邀你來聽；想研發新教材，她會帶著你做；自己製作的講義，她會大方給你一本；外出演講，她也不忘請你共襄盛舉。於是，從校內到校外，從課本到自行研發的教材，你忽然發現自己學到很多。然後，有一天你忽然發現：「天啊！她一直都有新的東西可以給出來！」

這就是范老師。一直在發想，一直在分享，一直讓自己成長也幫助別人成長。也許，你和我一樣幸運；也許，你還沒有找到這樣的老師。不管你是哪一種，翻閱這本書，你便可以想見范老師心中急於分享的熱情。

不論你是老師還是學生，請讓這本書裝備你，伴你去未來世界，尋找你的無盡藏！

李仁展

於 2011.9.1
台北市立成功高級中學教師
第六屆濟城文藝營策劃人

3

自序

教育行業的該做與能做

　　撇開專業作家的創作不談，筆者本來不認為「寫作」有什麼困難──不過就是因題發揮，把內心想的用文字表達出來而已，問你什麼，你就回答什麼，這有很困難嗎？在實地投身教育界之後，筆者才明瞭自己這種想法，也天真得太可笑。

　　開始教中學生之後，「當然爾」的想法面臨了嚴酷的考驗，原來他們真的就是不會寫。民國七十多年，台灣的教育還沒進化到重視語文表達能力，在專業養成的師範教育中，也沒有「教你如何教學生怎麼寫作文」這種課程。筆者只好把學生當成白老鼠，實驗、實驗再實驗。幸好這不是什麼藥劑人體試驗的計畫，實驗頂多成效不佳，倒也不至於殘害學生的寫作能力。

　　廿多年過去了，實驗仍在持續，學生的寫作能力有沒有增進？好像也不易評鑑得出，倒是筆者對於「寫作教學」領域，逐漸有了明確教學的藍圖。

　　筆者發現，學生容易發生的困擾都在於很「基本」的層面。有些困擾來自於對題型的恐懼，有些困擾來自於對

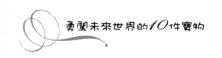

不同文體的陌生，有些則來自於對不同主題的無知。

第一類型的困擾最容易解決，只要針對「題型教學及習作」下手即可。新型作文題型開始之時，這個困擾立即浮現，民國九十年，筆者與好友們共同編寫的〈新型作文瞭望台〉，即是期望能破除學生們對新型作文題目的恐懼。第二類型的困擾雖然可以透過範文教學補強，然而，有鑑於學生對課本的莫名抗拒，筆者仍於民國九十四年完成了〈含英咀華〉，讓學生可以透過作文書 DIY 提昇自己的寫作能力。

爾後，筆者又發現，「知道怎麼寫」的技術容易獲取，「有沒有素材寫」的內涵養成，可就有難度。的確，人世間可談可論的事物可謂無垠無涯，如何涵養出會談能寫的腹箪呢？筆者研究近十年的大型測驗寫作題目，於是規劃出第三類的作文書－依主題談論。筆者思忖著，如果把小我、大我及生活周遭應注意可注意的議題，依主題相似做出整理，那麼，學生或許可以自行在腦海中形成自己的哲學框架，什麼題目出現，屬於哪一種主題，可以怎麼思考，怎麼取材，便可以自個人的哲思中，找出個人應對題目的 SOP 流程了。

在這本書之中，筆者找出十大主題，特別搜尋學測指考以及各地區模擬考的作品，提供同學練習。當然，各個題目之中，另有「寫作方法」、「範例」提供學生參考，範例後方的「解析」，可以讓同學明瞭「好的文章應該具備的條件」。

乍看，這是一本有關「寫作能力」的參考書，教高中

學生考大型考試時的種種技巧。然而，筆者確實有更高遠的理想希望透過這本書而達成。

畢竟，未曾飽嘗人間百味，不容易呈現深度的人生體驗；未經反復探尋的心路摸索，很難彰顯究竟的生命實義。筆者期許同學透過各類主題認真思索，各型題目認真寫作，應該也能讓同學們更認識自己，更認識世界，更肯定現在，更明瞭未來。蘇格拉底用提問的型態，激發當代人仔細思考；孔子與學生日日打嘴鼓的方式，引導學子認清自己。

阿根廷作家波赫士曾對文學信條下了註解，他說：「我信它，不是因為其為我所首創，而是因其為我所相信。」也就是說，每段自己所書寫的文句，一行一字都是個人思維世界的呈現，更也是，如果我們沒有一個阿基米德點，如何撐起全世界呢？於是筆者相信，作文教學，方法論或許有時而盡，內容論則永世延續。

於世間走這一遭，最應該具備的，是價值意識的醒覺。這是反省，反省生命最根源的價值，反省生活最基本的應對，如是，便也建築出繁富且明確的思維世界。

寶物一

從世界的中心出發

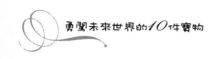

前言

　　希臘一座很有名的戴爾菲神殿牆面雕著「認識你自己」。透過「認識自己」的向內觀照，才能獲得處事的智慧。

　　我們處身的社會紛擾複雜，各式各樣的干擾使我們茫然無措，惟有全面且正確地認識自己，才能在競爭激烈的社會中，讓我們中心有依歸，行事有準則。由認識自己，確認自己為個人一生的「世界中心」，由此出發，為每一個獨特的生命開發無限可能。

　　許多人清楚認知自己表相層面：自己的身高、體重、專長的科目、喜歡什麼飲料……；然而，對自己更深層的認知，如自己的能力、氣質、性格、優缺點、對人對事的態度等，可能既模糊又不正確的。

　　對自己的能力、特質都不清楚的人，只能在現實生活中渾渾噩噩的活著，只是為了生活而生活，只是可能人云亦云，沒有自己的見解，可能安於盲目追趕潮流，陷入了失去自我的迷思中而不自知。「認識自己」是透過內求的省思，找到生命的重心，惟有如此，我們才能好好經營只有一張單程票的人生。

　　台灣大學的傅鐘只有廿一響，因為傅斯年校長強調每個人一天需要三個小時沈思。《為自己出征》一書也提到「傾聽自己」才能「和自己越來越靠近」的理念。十六、

七歲青少年，在一日廿四小時中，忙於接受教育，忙於交友，勤於玩耍，懂不懂得「傾聽自己」的重要？或許透過作文題目的設計，可以提供一個機會，讓他們在思索寫作同時，試著靠近自己，試著透過尋找出自我生命的細節，累積生命的能量。

　　《達文西密碼》電影問市後，巴黎的玫瑰線成了熱門旅遊地，全球各地旅行社開發「由零度經線出發」的套程行程熱賣。旅遊，從零度經線出發；人生呢？一定要從「自我」出發。以每個人的生命而論，世界繞著我們這個「人」，我們是世界的中心，認識世界中心，是認識世界最重要的一步。

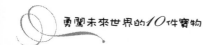

世界中心（我）

 題目 1

大學入學考試中心本國語文表達能力測驗研究用試卷（卷 1-970604）

　　心理學家曾以「照鏡試驗」，研究動物的自我意識行為。他們將一群熟悉照鏡的黑猩猩麻醉，然後在牠們的前額用紅色染料標上記號。這些被標上記號的黑猩猩醒來看到鏡中的自己，不但三番兩次觸碰前額的紅色標記，碰觸後還會注視、嗅聞自己的手指，這意味著牠們意識到鏡中所反映的差異。這種包含觀察、思考、推理等知覺的自我意識，以人類最為高明。

　　請以「我是誰」為題作文，內容宜包含：對自我成長變化的觀察、對現在的我的探索，及若干年後的預想……，文長約700字。

寫作步驟 121

任何作文題，都有軟建議與硬規定。前者可以依循，後者務必遵照。以這個題目而言，軟建議是內容宜包括「對自我成長變化的觀察、對現在的我的探索，及若干年後的預想」，取材不依這個建議，就算是「……」的取材，不至於離題。至於硬規定，絕對不可以不遵照，幸而本題的硬規定只有題目及文長。

書寫「我」，可以由外貌書寫，也可以由行事風格書寫；兩者都有因著不同年齡而有不同的特質，透過書寫這種變化，可以呈現個人的成長軌跡。凡書寫軌跡，必要注意先後順序；凡交代生命，則宜在文章後半將線索拋向未來，可以顯出對個人深具的信心及期望。

範 例

我是誰

陶開勤

小時候常常自己站在浴室裡，拿著小板凳墊在腳下，彌補身高的不足來照鏡子。浴室的牆是一片片乳白色瓷磚拼貼而成，因此牆上會有棋盤式的縱橫線，而我總是從鏡中望著自己的小腦袋瓜，看看自己對上哪條橫線，是不是又往上一格了？

時間隨著水氣蒸騰的煙霧慢慢退散而去，我擦了擦鏡

面，再從中望去，浴室的牆已刷上一層老舊的黃，而鏡中的我也早已不用板凳墊高自己。細細觀察自己，臉型褪去稚氣的圓；青春痘是消化每張考卷後的佐證；眼中的黑眼圈似乎從考高中時就死皮賴臉的住了下來。我站在鏡前怔忡，現在的我已沒有幼時的天真可愛，取而代之的是一張飽受考試壓力蹂躪的憔悴臉龐。而我是誰？我迷惘。

以前總反覆思索著：為何我要如此辛苦的面對考試？有了功名，我就在這社會上有了定位嗎？無止盡的疑問如狂風驟雨襲捲而來。直到後來我想通了，人生或許就是這樣，有些事——像是考試——你不能改變什麼，你只能竭你所能的去經歷人生的過程，去體驗它的美好，體認它的痛苦，最後，於其中找到自我，剩下的就讓它順著時間的洪流而去，因為你無法留住什麼，挽回什麼。這是我翻開記憶，檢視我這十八年的點滴所沉澱的結果。我是誰？輪廓逐漸浮現。每天在鏡前重複同樣的盥洗，或許有天我會突然發現頭髮上多了一絲白髮，額上多了一痕皺紋，歲月的腳步在身體上留下斑駁足跡，我不可避免地與常人一樣逐漸被時間之洪水侵蝕。有一些擁有，有一些失去：此刻，美好青春向我道別；懵懂無知向我道別，未來風霜歷練錘擊之下，我會是誰？無從得知。

我是誰？極力探求也無法了解，只有經歷過生命的旅程，我才會知道，生命將我形塑成什麼模樣，屆時，立在生命之鏡前，我將看清我是我。

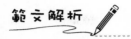

範文解析

> 其實，題目給予的軟建議是很好的取材方向，可以替不知如何下筆的同學找到一個思考的路徑。
>
> 如這一篇範例便是順著題目「對鏡猩猩」的引導文字觸發了觀鏡的梗。全篇先寫由鏡中觀察自我的事例，鏡中的自己由矮小幼童到英挺青年，先由身高說明變化，再寫到目前因壓力形塑而成的面貌特徵。第一、二段符合軟建議中的「對自我成長變化的觀察」內容。
>
> 第三段的內容，再由當前生活狀況書寫，既照應到前述的面貌特徵，也寫出現下的生活及困擾，屬於「目前自我的探索」內容。，既連結了第二段所言之壓力，也預告著無可預知的未來。照應了「若干年後的設想」。最後，呼應題目，總結自省的想法，期待未來生命對一己的形塑。

92 指考（佔30分）

你猜到了嗎？作文的題目就是──「猜」。

「猜」，天天在我們的腦中浮現：

上課中猜想暗戀的人會不會經過門外？下課後猜測那一隊會贏得今年NBA的總冠軍賽？邊走邊猜今天好運會不會與我同在？邊寫邊猜所寫的是不是閱卷老師喜歡的題

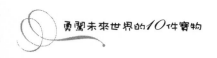

材？……

事實上，人類也常靠著「猜」才有新的發現：

哥倫布猜測地球是圓的而找到新大陸；哥白尼猜想地球繞著太陽轉而開啟天文學的新途；牛頓也是先猜地球必有一股力量將月球拉住，從而發現物體的質量會影響萬有引力的強度。

你一定「猜」過別人的心思、舉止、或者一件你很想知道答案的事。<u>請以「猜」為題，把那一次的經驗（可包括猜的原因、經過、結果等）寫成一篇文章，文長不限。</u>

寫作步驟 121

「猜」是人類不可避免、不可遏止的心理活動，上至達官下至走卒，都可以享有受這個有趣的活動。（當年部長）黃榮村說，胡適曾主張「大膽假設，小心求證」，其中大膽的假設就是合理的「猜」。科學史上的「猜」往往成就非凡，人文科學的「猜」，則呈現出人與人彼此的情分：被「猜測」的對象往往是執筆者重視的對象，因此，子女「猜」父母對事情的看法，男子「猜」心儀者對自己的看法。

由硬規定的「一次猜過別人心思舉止的經驗」，這篇文章的表達方式無庸置疑是以記敘文進行。然而，「一件」限制了取材，如果寫了「多件」的猜測，就離題了。

至於軟建議的「上課中猜想暗戀的人會不會經過門

外？」或「哥倫布猜測地球是圓的而找到新大陸」，則提醒了事件選擇可大可小，柔性議題或家國議題皆可。

學習、數學、科學都有「猜」，但要慢慢求證，不可漫無目的的「猜」，如此將原因、經過闡釋完善，才會有樂趣。如果能溢出幾分議論意味，或者以文句呈現出抒情氛圍，一定能夠展現出特殊的風味。

猜

王敬淵

猜，從小到大我一直在猜，猜測長大以後的我是不是帥氣逼人；猜隔壁班那個校園美女是不是也偷偷暗戀我。

今年二月分，我猜自己提出的申請入學，會有令人滿意的成果。在大家全力以赴準備指考時，我投注全部心血準備資料：猜測該所大學期望錄取表現卓著的人才，所以我每天翻箱倒櫃尋找大大小小可堪證明自己卓著的資料；猜測該所大學設計學院教授的喜好，所以我將手邊資料做出符合猜想的美工編輯。從二月到四月，我猜測的終站是一份入學許可。

四月投件之後，我猜測著放榜那一天，親人會如何恭喜我，朋友會如何嫉忌我，好友會如何欣羨我。每日乖巧地坐在座位上，老師們的ＡＢＣ、之乎者也等等聲響，全成了一串串慶賀我的鞭炮，每天，我的臉上呈現的笑靨彷彿美夢已成真。結果呢？美夢不見得成真，猜測未必成立。所以，

現在的我坐在試卷面對，忍受著七月毒辣的陽光與灼熱的溫度。

哥倫布猜測地球是圓的，並且決定以行動驗證自己的想法。當船上補給只剩一半之時，他面臨抉擇：該堅信自己的猜測或是返航？當天，他只在航海日誌裡寫下短短幾個字：「今天航向西。」結果他猜對了，也發現新大陸。

沒有人能在猜測之時，明確知道結果。但是在猜測的當下，每個人都抱持著夢想。現在的我，拿著筆和時間賽跑，心裡猜著：我的選材，閱卷老師喜不喜歡？

範文解析

俏皮地的將「當場情境」融入，使得文章增添一份趣味。

依本題而論，「該次經驗」應該佔最大篇幅，本篇文章將猜測的過程及答案揭曉前的自信皆能點滴寫入，書寫事件極為完整。取材為一次失敗的猜測，所以文末另起爐灶，開啟下一個「猜」，這個安排果然巧妙思。

哥倫布一事，為「有行動才能成功」下了註解，暗示著你下了苦心，希望這次成功的信念。然而這個事例實在已經出現太多次了。請在取例之時，找一些較新鮮的例證，比如馬拉松的林義傑，應不失為較好的例證。

>>>>> 題目

97-1 台北學測聯合模擬考試題（佔27分）

將近八級的地震，震得四川汶川只留下斷垣殘壁，救難人員在一片荒城石礫中搜尋。突然有人大喊：「有女娃活著，快救！」

幼稚園坍塌的石塊，壓在小女孩身上，救難人員淌著汗，徒手挖掘，救援速度緩慢地令人沮喪。

「兩隻老虎，兩隻老虎，跑得快，跑得快。一隻沒有耳朵，一隻沒有尾巴，真奇怪，真奇怪！」小女孩稚嫩的歌聲，平靜地唱著。

「小娃兒你不痛嗎？」救難人員噙著淚問。小女孩說：「我唱歌就不覺痛了！」

她叫「思雨」，她用歌聲為救她的叔叔伯伯打氣，也為自己打氣。

最後她獲救了，她的歌聲感動了全世界，而這首「兩隻老虎」也被賦予非凡的意義。

每個人心中都有一首歌，也許是悲傷的歌，也許是快樂的歌，抑或是勵志的歌，請以「我心中有首歌」為題，寫出這首歌對你的意義，並敘述原因為何？文長四百字以上。

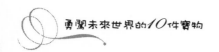

寫作步驟 121

這則題目的硬規定在找出一首實體的歌，並說明這首歌對自己的意義何在。至於引導文字中的軟建議，則提醒了取材的軌痕應該具人生較重要的意涵。

因而重點應在於，把這首歌給予自己的啟示，包括如何「提昇」自我，或者如何成為對一己最重要的歌曲。同時，也請留神一首歌的感觸其實有限，絕不可能聽到某一首歌，立即讓原本十惡不赦的人頓悟成聖嚴法師。所以啟示應該合理。

至於被提昇及激勵的自己，多半處在困境之中，困境的壓力只是背景，不可以喧賓奪主。至於「歌曲」對人類的重要，或者生活是否如歌一般，則更是過度詮釋，如此審題，必定失當。

範　例

我心中有首歌　　　　　　　　　　　李佳融

兒時，倚偎在媽媽的身旁，總是有著許多小調洋溢著我的耳際，時而淒美，時而幸福，偶爾夾雜了些笑聲，無論媽媽哼唱什麼，我都很喜歡，因為曲曲都揉入了母親的芬芳。

「但那玻璃彈珠越來越少，我們已逐漸地長大了，連那

紅色蜻蜓也漸漸慢慢不見了。我們都已經長大，好多夢還要追，就像現在的紅色蜻蜓。」那時我一邊玩著彈珠，一聽著母親唱小虎隊的紅色蜻蜓，我傻呼呼的問著，為什麼彈珠會越來越少，我不都有好好收著？而母親只是柔柔的說，漸漸地我會懂得。

漸漸的，我也長大了，一如歌詞中，將所有的玩具塵封在房間角落。是啊！逐漸的長大，許多事物已然消失不見，雖然看似多了許多沉穩，但也失了童稚那簡單滿足的幸福：玻璃彈珠不是變少了，只是重要性變小了；紅色蜻蜓不是不見了，只是被更龐大的夢想遮住了。不知道為何，每當我想起這首歌時，總泛紅眼眶，並感到一絲不捨？是啊，我已經長大，怎麼無法感受到曲調中那種逐夢的輕快，只是不斷經歷著向前行去的跌跌撞撞，記憶著看不清前方的茫然？

母親也漸漸忙了，我也是，碰面時，都已是深夜，很久沒聽她唱歌，但這首紅色蜻蜓仍縈繞心頭「我們都已經長大，好多夢正要飛，就像現在的，紅色的蜻蜓……」輕快的旋律不時迴旋著，但我心頭卻溢滿了無奈與惆悵。

範文解析 ✎

感傷逝去的美好不在，這種取材，很能獲得閱卷者好感，因為這是每個人曾有的共同經歷。而開放取材的題目中，親情取材最容易引得共鳴。

全文字數雖不足五百，人物形象雖然簡筆勾勒，如文中描寫的母親是個喜歡哼歌的女子，末段不再哼唱，可以呼應「漸漸忙了」的敘述；第二段中稚氣形象由問答可見，母親以「以後會明白」的標準答案回應，母子情感可見一斑。

作者把握整首歌詞中童年不再的傷感書寫，點出青年逐夢的徬徨壓力。前者惆悵，後者無奈，情緒統一於淡淡愁思。一篇短短的文章，容納多元情愫，十分難得。

 題目 4

97-2 台北指考聯合模擬考（佔27分）

民國學者王國維有〈浣溪沙〉一詞，曾寫到「試上高峰窺皓月，偶開天眼覷紅塵，可憐身是眼中人。」現實之中不免有束縛和無奈，倘若可以暫時跳脫自我，你想成為什麼樣的人呢？請盡情發揮你的想像力。以「我最想扮演的角色」為題，書寫一篇文章。務必抄題，文長至少五百字。

 寫作步驟 121

這個題目最重要的是「角色」，這可以是一個知名人士（李白、孔明），可以是一種職業或身分（農夫、上

帝），但是不可以寫成一種生活狀態，比如可以「想要做
隱士」，但不可以寫「我想要隱居」。同時，題目上有個
「最想扮演」的條件，因此，必須說明原因。這個題目一
定要在第一段就切入「一個角色」，然後依序寫明原因、
自己「如何扮演這個角色」等主題。切忌由「概念」或
「統體」談論，如此一來，必然失焦。同時「最想」只可
能有一個，寫多了，就離題

　　每個「角色」之所以吸引同學，一定因為這個角色的
表現讓你佩服（那是偶像），也可能因為這個角色的生活
方式讓自己羨慕（那是期望）。但無論如何，書寫的方式
必須有一個中心原則，比如有同學想最想扮演的角色是他
的爸爸，因為他的爸爸對他很好。這種寫法，首先就誤讀
了「角色」，也解釋錯了「原因」——爸爸對他很好，這
個原因，無法說明「為何最想扮演」——同學們可以最想
扮演「爸爸」，因為爸爸對家中孩子的引導力量極大，同
學們想要落實家庭教育。這種寫法才合乎題目所要求。

　　一個人如何定位自己，做的事也會受這個定位指引，
自己選的角色，其實代表著自己是「怎麼樣的人」——隱
士是不喜爭鬥的人，丑角是想帶給世界歡笑的人，但如果
只想當「小嬰兒」因為不必有任何壓力，每天吃飽睡睡飽
玩，會不會太沒有責任心？更而甚者，想當以暴制暴的
「制裁者」，及想當「決定世界是非價值」的，還有想當
上帝、救世主的，所代表的意涵是不是很希特勒？同學們
各自有夢，但在考試之前，請多加思索，將太黑暗的那一
面留在未來修正（或表白）吧！

我最想扮演的角色　　　　　　孫翊軒

　　形如巨人的闊葉樹木在我身旁向後急奔。七彩斑斕的飛鳥在我前方展翅疾飛，似乎不願被我追上。抬頭仰望我的群獸在我腳下歡欣的發出吼聲。在熱帶雨林的最深處，在遠離文明的淨土中，動物朋友們稱我「泰山」。

　　或許因為一直居住於灰色叢林，對於綠色溢滿眼眶的世界，我的嚮往非筆墨可以形容。噪音不再，有的是黃鶯出谷的鳥鳴以及唧唧唔唔的蟲聲。黑煙不在，有的是充溢著芬多精的透明空氣以及時而飄拂的嵐煙。汙水不在，有的是晶瑩透澈、沁人身心的流水，即使岩間淌的晨露，也有小而美的宇宙。摘下豐碩的果實享用後，它明年必然再度列席；和黑豹們一起捕獵時，我們絕不殺雞取卵，放過幼小的新生命，保持生態平衡。這世界和我，恆永共存。

　　政客大言不慚，律師顛倒是非，商人唯利是圖……，社會黑暗的角落太多。悠閒自得相對於忙碌塵世，享受生存的美好比手握白花花的銀子更有意義。車水馬龍的擁擠、愛恨情仇造成的殺戮，這些惡毒的病菌侵嚙著城市的每個人。對身邊人的恐懼；對陌生人的戒慎，我想著，若能逃離這種廿四小時神經緊繃，應是莫大的幸福。

　　我是泰山，是森林的王子，是愛好和平與自由的人，大自然孕育我們，賜我們自由的權利，我，泰山，將與天地共存，共享自由。

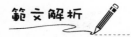

　　第一段書寫角色，第二段書寫這個角色的生活實況，第三段寫最想要扮演這個角色的理由，末段點題。生活實況書寫具體，若能與城市生活具更周詳的對比，必更佳。

99年成功高中學生習作──仿寫

　　閱讀下列文章後，請模仿這種型式，並以「寫給十九歲」為題，寫出自己對未來的期許。

　　妳最好早一點起床，趕上六點四十分的12號公車，不要為了遇見那個高高帥帥的華夏工專男生上課遲到，就算妳為了他天天遲到以致被勒令退學，他也不會愛上你。

　　珍惜當下的友情，妳不會相信未來妳們會吵架、會分道揚鑣、會消失在彼此生命裡。還有，當阿德去花蓮唸高中時，拜託不要在大馬路上哭得那麼醜，未來她出國唸大學的時候妳該怎麼辦？妳不會知道她一去就是好多年，而且不管她離開得再遠再久，也不會忘記給妳打電話。

　　欸！接受俞佩佩這個名字，這個人所有的一切。然後，好好愛著身旁的人，他們都不像想像中能夠在妳身邊一輩子，敬愛的爸爸過一年就變成別人的，極寵妳的爺爺再過七年就會永遠消失。未來他們不能在妳身邊出錢生氣賣老命，妳還是得帶著遺憾自己想辦法好好活下去。

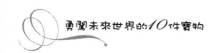
　　那時候妳會因為十七歲的每一刻微笑、感動並且勇敢，儘管當時的妳一點也不知道。（節錄自《自由時報》自由花編94年1月5日俞佩佩〈寫給十七歲〉）

　　注意：1.必須抄題。2.文長300字以上。

寫作步驟121

　　因為題目沒有限定「仿」的範圍，所以同學們可以仿其取材，也可以仿其形式。

　　引出的文章中，作者以愛情、友情、親情為內容，寫及自己對十七歲的回憶，也微微透露出對生命無法掌握的遺憾。這是作者的青春時光，每一個取材都是她最重視的成長營養劑。如果仿其取材，就可以依這些內容書寫。

　　同學們如果只想仿其形式，則只需依「對未來的自己談話」之情境處理即可。切記，我們所取之材，代表著我們「自己生命中重視的層面」，請千萬不要寫kuso版，「不要緬懷過去，不必創造未來，你根本就沒有未來，好了，去睡覺吧！」應試作文，還是端莊點好。

　　題目既已設定為「寫給×××」，文章便應該以「向那個×××說話」的格式完成，千萬不要寫出十九歲應該如何的美好，這算是文不對題。

　　這種題目，必須多一些個性的表現，有些人寫「作息要正常，不要打電動……」這些都是高中生的常態，在應試文章中，將出現極多雷同篇目，得分不易提高。至於太

細碎地寫著：「想要上台大，要交女友，該減肥」，則又生活化到平乏無味。

同時，請不要在文章中唱衰自己，為什麼自己設想「被補習班老闆釘得滿頭包」呢？我們有做好夢的權利！對自己的未來，要多一些信心，對自己的過去，要多一些接納，這些都是很美的吸引力。

如果只做高空書寫，全寫抽象的意念，似乎是勵志的文字，卻又落入千篇一律，也可能難以落實，最麻煩的是很難感動讀者。

說真的，每一個題目的設計，都是「暗藏玄機」的，這個題目，希望同學們回頭看看，讓自己想想如果有再一次的機會，你會如何修正自己；也期許同學們能大膽作夢，你希望自己未來變成什麼樣子，當然也同時設想一下，你期許的這個「未來」，需要些什麼助力才能達成，並且認知，這些助力有多少需要眼前現下的你才能達成！

範　例

寫給十九歲的自己　　　　　　　　施帝文

你是否依舊過著朝七晚五的學堂生活？是否陪著老媽上山下海享受親情？你記得那個獨處的夜晚嗎？

那天你頭昏腦脹徘徊在考試的十字路口，日曆上的數字不斷鞭策你用功讀書。你受不了這種折磨，騎著腳踏車到夜闌人靜的公園。你抬頭望向天上的星星，看著生活的回憶，

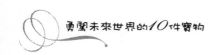
對未來充滿問號。這時風吹過你的視線，你看到了水池因風而起的漣漪，是啊！擔心往後的日子只是徒然增加憂愁，何不像漣漪般勇往前行，走出自己的一條道路？

珍惜當下的甜蜜，珍惜眼下的幸福，將眾人的笑容壓印於腦海。你挺起胸膛，重新埋首在那學無止盡的學問，不同的是，這次你多了分笑容，多了分自信。

現在你是否站在我夢想彩虹的另一端？我不曉得，但我知道你會伴隨堅定走下去。

範文解析

> 　　全文以過去的記憶，做為未來的奠基。第二段的具象寫景，相當有韻致。「但我知道你會伴隨堅定走下去。」是一句虛話，既然是虛話，何不寫得美一些，如「但你懂得彩虹的方位」？

題目 6

89 推甄考題 (2 選 1)

　　許多人都有傾注心力，投入某一件事的經驗，其原因不一而足：或出於興趣，或迫於無奈，或機緣巧合……。

　　請以「**我最投入的事**」為題，寫一篇文章，文長不限。

　　提示：

內容應包括：(1) 投入的對象 ，(2) 投入的過程、心情 (3) 投入的得失、感想。

寫作步驟 *121*

　　這類文章必定有需要嚴格依循的項目，比如一定要寫出什麼事，比如一定要說明為什麼讓「我」最投入；也就是說，這是一篇必須具備「什麼──ＷＨＡＴ」、「為什麼──ＷＨＹ」以及「如何達成──ＨＯＷ」三個Ｗ取材的文章。至於部分學生可能誤解，以為自己舉出的「事件」愈偉大，似乎能提昇自我的地位，其實，愈能將投入的過程、心情以及感受，詳盡寫出細節的，愈能吸引讀者。固然如此，取擇的事件仍不能粗鄙或不道德，這可不是應該「取材獨特」的題目。

範 例

我最投入的事 吳尚恩

　　柳宗元自放於山水間，與萬化冥合，那種感受的調適，是「投入」之後的結果。當一個人真的投入一件事時，內心感受必然異乎平常。

　　對我而言，最投入的事，莫過於浸淫在籃球場上，盡情揮灑汗水。我接球我運球我突破我上籃我跳投，一氣呵成，

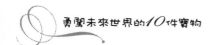

都在一念間。罰球線兩側的隊伍，如同即將交戰的兩軍，各自擺出陣型，互相猜疑對方的攻守佈局，說時遲那時快，戰地鐘聲響起，當發球者發進球的那一剎那，縈繞在各士兵耳邊的，只有呼嘯而過的風聲和那喋喋不休的吁喘聲。一陣有一陣無的運球聲，和鼓譟的雙方人馬，共譜一曲節奏明快的樂章。防守的一方固若金湯，維護著自己的城池，阻擋著一波波的攻勢，而攻擊方則逐漸兵臨城下，亦步亦趨地突破對方的防禦工事，直搗黃龍，攻下最高榮耀的核心──籃框。

每當我一踏上球場，便可以感到整個精神的沸騰起來，持球在手，似有一股未知的能量從身體的底部貫串上來，充滿著雀躍、狂喜、又有點恐懼。傳球成功，投籃達陣，每一次呼吸，每一滴汗水，全在完成我投入的籃球活動中，最美的感覺饗宴，這是只有投入才能碰觸的領域。

打籃球，是我人生中最投入的事。在歡欣鼓舞，又帶一些震懾，撫觸著粗糙的球面，我投身籃球競場，低身的運球，急停的投射，在在帶給我難以言喻的成就感。

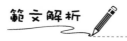

首段先由他人的感受引到自身，其次再詳寫個人最投入的籃球運動，全文最特殊的，是將投入籃球活動時的視聽細節描述詳盡。若能將此事帶給個人的收穫，不只於「精神的滿足」，更具備體能的培育，甚至毅力的建立，必更佳。

題目 7

95 成功高中高三上學期作文比賽題目—我

寫作步驟 121

　　當題目的字數愈少，往往代表著文章可寫的空間變大。然而可入題的空間一旦變大，則會讓同學有如面對汪洋大海一般，贊歎它的廣闊深遠，卻依然不知從何下手。此時，知道如何取材非常重要。

　　單字題，要注意虛與實的搭配，實題虛寫，虛題實寫，用對作方式就對了。

　　如這個題目，寫具體我，不如寫哲理我有益；寫小我，不如寫大我有益。行文取材，一旦只找了自己的例子，文章格局一定小，層次不易提昇。

　　同時，善用正反相生的取材方式，「我」與自信有關，與認知有關是正面的取材，「我」跟自大有關，與固執有關則是反面的取材，如此一來，題材就多了一倍，內容一多，成績也會相對的提昇。

　　因而，這個題目有三部曲，「自傳——我的人生哲學——『我』的通識哲學」。第一部曲只寫出了具象的單獨的一個「我」，它的意義受限；第二部曲則寫出具象之外的「抽象層次」，已是一種提昇，但是仍是單獨的一個

「小我」呈現；第三部曲則以「大我」著眼，只要取材得宜，格局自然可以開展。

我

陳昱庭

「我曾觀我，我亦是我，我亦非我」，人們少有徹底面對自己、觀察自己的機會，兩潭深邃的秋水外加內心一面澄澈的明鏡，似乎永遠擺放審視別人的角度，似乎只為窺視別人而存在。

我到底是一個什麼樣的人？來到這世上的目的又為何？在夜深人靜的時候，常常這般捫心自問著：我的生命真的如先總統　蔣公所說的「生命之目的在於開創宇宙繼起之生命」這樣偉大嗎？似乎不是這樣的！人生不過短短幾十寒暑，生命中哪能有多少次的春花秋月！比之於天地間萬物，一個小小的我簡直卑微的可憐。憑藉著這副臭皮囊實在難登與萬物冥合，與造物者同遊，參天地造化之境。

也許人生在世，不必對於一個小我感到如此執著，像蘇轍所說的：「使其中坦然，不以物傷性。」也可以同李白所說的：「人生得意須盡歡」，但這對我來講似乎消極了點，近乎出世，不以物喜，不以己悲的人生觀，我還沒辦法辦到。

一個屬於我的人生或許是這樣的，每個人都是如此的與眾不同，在這個難言其大的社會或是世界上也都扮演了難以

取而代之的角色。哪怕只是一個小小的螺絲釘，在一台精密的儀器中仍然缺一不可，在適當的時間，適當的地點，盡到自己的本分，完成獨一無二的使命感；成就捨我其誰的超凡自我，是我現在唯一能夠保證確實做到的。

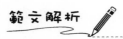

範文解析

> 由高層次的生命成就入手，寫及道家的開釋與儒家的盡己，取材豐富，心緒轉換順當。建議「生命之目的在於開創宇宙繼起之生命」的取材可以去除引用者，免得引來不必要的側目。

題目 8

98-2 指考聯合模擬考—短文寫作

請閱讀以下這篇短文，然後就文章內容寫下你的感想或議論。

傷痕實驗

美國科研人員進行過一項有趣的心理學實驗，名曰：「傷痕實驗」。他們向參與其中的志願者宣稱，該實驗旨在觀察人們對身體有缺陷的陌生人作何反應，尤其是面部有傷痕的人。每位志願者都被安排在沒有鏡子的小房間裡，由好萊塢的專業化妝師在其左臉做出一道血肉模糊、觸目驚心的傷

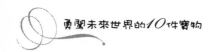

痕。志願者被允許用一面小鏡子照照化妝的效果後，鏡子就被拿走了。關鍵的是最後一步，化妝師表示需要在傷痕表面再塗一層粉末，以防止它被不小心擦掉。實際上，化妝師用紙巾偷偷抹掉了化妝的痕跡。

對此毫不知情的志願者，被派往各醫院的候診室，他們的任務就是觀察人們對其面部傷痕的反應。規定的時間到了，返回的志願者竟無一例外地敘述了相同的感受──人們對他們比以往粗魯無理、不友好，而且總是盯著他們的臉看！可是實際上，他們的臉上與往常並無二致，沒有什麼不同。

（不必命題，文長150-200字之間）

寫作步驟 121

閱讀寫作最重要的是，必須掌握文章的主題。如本文，主題在於「錯誤的自我認知」，說更白話些，指的是「內心如何看自己，就感受到外界同樣的眼光」，或者西諺的「別人是以你看待自己的方式看待你」。並不能自以為是的寫自己的感想。有同學寫「內涵的重要」，有些同學寫「善待創殘者」，固然是好的議題，但都不是文章主旨，如果寫得很好，也只能有 B，如果寫得普通，恐怕連 B──都拿不到。更不要提有同學寫「那些該死的實驗單位如此欺騙眾生」，那就只有一個慘字可以形容了。

　　閱讀寫作先求正確，再求好。所謂的好，便是一些論述文字的重要，比如短文最好能以一言括主旨，書寫想法之時，要有論有據，即使短文，也要有完足架構。

 **範例一**

王政皓

　　態度可以決定一個人看這個世界的方向。志願者的外貌並無改變，但是他們心中衡量世界的那一把尺卻已偏向了，是什麼力量造成的呢？一切根源是來自自己內心的態度已改變了，若是中心有塊大石頭，即使是鹿也可以將牠看成馬。很多事情，事實上未曾變過，但是我們卻看不出來，被一道無形的牆擋住了視野，去除那道牆的方向就是確立自己的意念，增加自己自信。

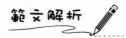 **範文解析**

> 　　首段以一言概括主旨，而後依論理再論據方式進行，文末更能回應主題。

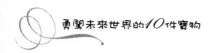

範例二

陳端慶

　　脆弱易創的心靈，在意他人眼中的形象。然而，什麼是他人眼中？當我們臆測他人所思所想，自認受到汙辱鄙夷，不正源自於對己身的自卑與恐懼？羅生門那名受辱的婦人，自認被丈夫蔑視眼神所傷，何嘗不是因為她自視已為受玷之身？孔子早在兩千多年前即勸戒眾生「毋意」，只不知這人性之中存在的詭妙心理，何時才能降低其可怖的影響力？

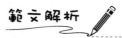
範文解析

　　全文結構完整，引用之例證不俗，更可以顯出個人腹笥。

禮物二

愛ed・愛・愛ing

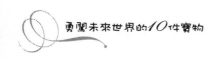

前言

　　早於七百多年前，元好問就讚歎著：「問世間情是何物，直教生死相許。」能讓人生死以赴的，不只是男女之間的情愛，父母對子女、朋友之間，都具備這種這樣的能量。

　　愛是人類生存的必要條件，能夠展現愛的藝術，才具有能力去追求人格的圓滿、目標的高遠。在當代心理分析學家佛洛姆的名著《愛的藝術》一書，提到愛是一種必須由真誠行為才能具備的內在力量。的確沒錯，愛必須包含「照顧、責任、尊重與了解」，當人類實踐愛的同時，也學習培養完整且健全的人格。不論是平等的朋友之愛，無條件的父母之愛，彼此信任的男女之愛，甚至對神的尊崇之愛。種種的愛，最終都可以發展出愛人且愛己的高度關懷，最終則是對成就自己的使命感。

　　目蓮為了拯救因貪婪而落入地獄的母親，發出「地獄不空，誓不成佛」的豪語。當蘇軾身陷烏台詩案之時，親朋好友紛紛與蘇軾劃清界線，只有蘇轍以一封奏章表明以自身官職換得兄長蘇軾自由之身的無悔。當鮑叔牙與管仲共事之時，鮑叔牙接受管仲種種自私的行為，他以友人的立場，看穿管仲行為合情合理的動機。英國愛德華八世為了辛普森夫人，甘願放棄皇位。以上種種，動機都是愛，而種種由愛而發的行為，也都感動著千秋萬世之後的我

們。

　　然而，病態的社會有些人「以愛為名」玷汙愛之名，操弄著愛，將自己行為合理化：為了信仰之愛，實行宗教屠殺；為了國族之愛，實行種族屠殺；為了「愛」的旗幟，向對方提出種種不合理的要求。

　　所以，印度的克里希納穆提曾說：「恐懼不是愛，依賴不是愛，嫉妒不是愛，佔有控制不是愛，自嘆自憐不是愛。」明確地以刪除法界定了「真愛」。

　　如此一來，愛的確需要正名。愛需要設身處地為對方著想，愛需要謹慎斟酌的自省動機。真正懂得愛的人，便得到人世間最難能可貴的幸福，即使這個以愛建立的幸福只是一種概念，虛幻如空氣，無法看見，無法捉摸；卻也堅固如鑽石，無堅可摧，璀璨迷人。

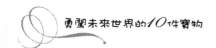

愛

90大學入學推甄試題

什麼是最遙遠的距離？

有人以天文學的角度說：還在不斷擴大、無從探測邊界的宇宙，就是最遙遠的距離；也有人說：最遙遠的距離，是生與死的永遠分別；更有人說：最遙遠的距離，是我就站在你面前，你卻不知道我愛你。

試就你自己的感覺、經驗、知識或省思，以「最遙遠的距離」為題，寫一篇文章，文長不限。

提示：文章可以全然抒情而寫得很感性，也可以運用知識而寫得充滿知性，當然也可以融會二者，兼具知與感性。

寫作步驟 *121*

　　書寫測驗之作文題，首先掌握硬規定，本題的硬規定
包含了「就你自己的感覺、經驗、知識或省思」，也就是
必須由「寫作者」的立場書寫，如果寫成了硬梆梆的科學
論文，就完全不符合題目要求了。

　　其餘的說明，都屬於「軟引導」層面，提供書寫素材
的建議，比如書寫一段與「最遙遠的距離」有關的經歷；
或者書寫跟「最遙遠的距離」相關聯的省思皆可。全文提
供的引導範例，天文學部分，是知性；生與死的議題，是
哲學；我愛你，是抒情。如此幅員廣闊的題目，一定先要
找到可以寫的內容。

　　尤其在接受測驗當爾，分秒必爭，以第一個聯想到的
為宜。

　　想到愛情就寫愛情，但千萬要注意，青澀之愛不易深
刻，必須由字詞美化加強閱卷者的印象。想到親情，可以
由父母與你的代溝書寫，這個經驗人人都有，此時要注意
萬萬不可落入批判的言語或忿然的情緒。想到友情，多半
是友人移民或亡故，這種事件多屬戲劇化，反而不易引起
共鳴，能免則免。

　　不論選擇什麼議題，一定要注意書寫的「具象化」：
書寫動作時，注意細節，如此才會生動；書寫事件時，記
得寫背景，如此才會立體，這些都是具象化。寫情之時，
多用景色代表，就有言而不盡的韻味，比如李白「揮手自

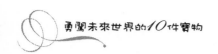
茲去，蕭蕭班馬鳴」以極為具體的動作與背景，寫出友人離去灑脫的身影，而班馬哀悽的鳴叫聲，在身影淡去時，仍不絕耳間，何其有味啊！

範　例

最遙遠的距離　　　　　　　　　彭子洋

　　織女星離地球四十六光年，從台北到桃園有二十三公里，我的書桌到房門有六公寸。有多少單位可以計算距離？怎樣才算最遙遠的距離？

　　我抱著骨灰罈沿梯向上，我和阿祖距離只有五公分，但感覺像隔了一條長河，深不見底，我過不去；看不見邊，他聽不到。於是我和爺爺將罈子安置在一方向陽的矮窄小櫃子，爺爺點起了香，他望著香煙裊裊，出神不語。外面的天氣陰雨，靈骨塔裡梵樂一遍一遍地迴繞。

　　我沒見過阿祖，只知道爺爺告訴我的傳奇，包括阿祖幼年失學放羊，少年跟著拳頭師傅四處抓藥，後來因為天生對木工的能力，變成當地有名的建築師傅。小時候，跟著爺爺製作後花園的木架，他說，那技巧是他的爸爸教的。在桃園老家臥房的每張床，都是阿祖親手做的，每次返回桃園，躺在厚重木床上，木頭吱吱咔咔的響，我和阿祖的距離，慢慢靠近。

　　我閉上眼，阿祖的形象浮現，皮膚黝黑、微矮的他，將木頭劈開、刨平，穩定地握著鐵鎚，一釘一釘，一張床；一

釘一釘，一座花架，老家的點點滴滴就這樣完成。入夜後，孩子們安心入睡；而蘭花在花架上，優雅地等待旭日。

陽光升起，四十六光年外的織女星逐漸暗下。

範文解析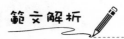

最遙遠的距離，來自於不認識但卻是血脈相承的阿祖，這種取材必然清新於愛情取材的篇目。全文以記敘成篇，阿祖會木工，爺爺會木工，而全文之中，作者躺的床或出現的花架皆來自於這兩位之手，薪火傳承的歷史意味十分濃厚。

作者自承未見過阿祖，但是由爺爺的敘述，以及身邊物件的提醒，使得虛幻的形象，一步步具體，不論是靈骨塔納罈一事，或阿祖釘木工的假想示現，皆然。

全文起筆以映襯手法，照應題目提問，似乎不知如何定義「最遙遠」，直到末段，透過真正遙遠的四十六光年，再次映襯出時間的距離最為遙遠，再由旭日昇起的景象，強烈表達「最遙遠的距離其實根本談不上距離」的玄機！

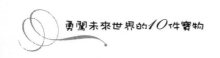

90年大學聯考作文題

你透過什麼事物，來保存人生中那個部分的記憶？請以【一個關於□□的記憶】為題，寫一篇文章，文長不限。

注意：

(1)須抄【 】內的題目。

(2)文言與白話不拘，但須加新式標點符號。

(3)不得以詩歌或書信體寫作，違者不予計分。

寫作步驟121

人們通常會透過某個特別的事物來保存某種「記憶」，畢業生會以記住班號、保留制服來維持對母校的記憶；家庭的成員會以珍惜傳家寶、族譜來維持對家族的記憶；旅居海外的遊子會以聽家鄉歌、吃家鄉菜來維持對故鄉的記憶；我們平常也會藉著珍藏徽章、車票等物品，或者憑著對一條河流、一次旅行的印象，來維持我們對人生某階段的記憶。

由題目可知，重在取擇人生的一部分記憶。記憶可大可小，然而由小見大是最好的寫法。至於取材的「記憶」，只要愈難得，必可帶給讀者愈深刻的印象。然而難得與否，與個人有關，不見得要找罕見的素材下手。同學

們可以由「最難忘」的，「最難重現」的取材擇取。

一個關於音樂盒的記憶　　　　　　陳昱庭

「很久以前有一個火爆的惡魔，喜歡在人間大肆破壞，善良的天使為了平息惡魔的怒火，願意獻上自己的聲音，永生永世為魔鬼歌唱。」這是我六、七歲時，收到奶奶贈送音樂盒時，半信半疑聽到的故事。

儘管這個音樂盒外層的鋼琴拷漆難以抵抗歲月的剝蝕，燙金字的滾邊也在不斷磨損下變得難以辨認，但我永遠記得當年那個稚氣男孩想打開又退縮的場景，更難忘記打開那一瞬間的悸動，流瀉於每一片精密金屬的旋律，配合幾次微妙的齒輪運轉，每一個音符有如繞樑三日、不絕於耳般，大大震撼我的心靈。

曾經試著找出住在盒裡的天使，但只得到一次又一次的嘆息，嘆息聲中有著對逝去童年很深的依戀，無憂無慮而單純的笑聲隨著漸弱的音樂漸行漸遠；對於夢想殷切的執著，那雙對未來遠大抱負的炯炯眼神，在紓緩的節拍中黯然失色。

或許，鬆弛的金屬片發出的音樂大不如昔；也許，老舊的齒輪磨合的雜音逐漸明顯，但是我知道，不用把音樂盒貼近臉頰，每一個音符都將往事的點滴濃烈發酵；甚至不需要上緊發條，在迴腸盪氣的旋律中，我可以清楚看到奶奶慈祥

的笑容。

　　我知道，幾年以後，小男孩會對音樂盒失去好奇心；小男孩會遺忘了曾經清晰的夢囈。再幾年後，我發現自己才是那個脾氣火爆的惡魔，音樂盒裡保存的是奶奶無限的包容，安撫我不安的童年，也輕輕替自己青澀的歲月譜上一曲一曲祈禱曲。

範文解析 🖊

　　全篇透過音樂盒這件禮物傳達祖孫的情感，讀來令人動容。

　　作者自收到禮物的時刻寫起，由昔而今，體悟貼合故事內容，讓讀者明晰音樂盒是如天使般善良的奶奶，而惡魔則是曾經火爆的小男孩。

　　透過初拿禮物的畏怯及探索音樂盒的好奇，小男孩可愛的形象如在目前，尤其時而特寫的取景，如寫男孩「那雙對未來遠大抱負的炯炯眼神」，或者「在迴腸盪氣旋律中，我可以清楚看到奶奶慈祥的笑容」等，皆可見作者以文字運鏡的巧妙。

題目 3

91-2 台北市指定考科聯合模擬考作文題

　　證嚴法師《靜思語》說:「待人退一步,愛人寬一寸。」我們來到這世上最大的必修課題,便是學習。沒有人是完美的,也因此錯誤是無法避免的。而「原諒」不僅是我們渴望的,更是我們該學會給予他人的。試以「原諒」為題,深刻敘述自己曾有原諒他人或者被他人原諒的難忘經驗,並且描寫事情過後的心情。

　　注意:(1)文章格式不拘。

　　　　　(2)文長限四百字以上。

　　本篇題目要求書寫「自己曾有原諒他人或者被他人原諒的難忘經驗,並且描寫事情過後的心情」,說明文章必須具備敘事及抒情兩大層面。同學們必須掌握事與情的分界,其實,事寫得愈詳盡,情理的呈現便愈明晰,千萬不要為了抒情而不將事件說明,千萬不要通篇落淚,卻讓讀者丈二摸不著頭緒。

　　事件或許可大可小,但是如果小到同學不小心錯拿你的筆,你原諒他,那這種原諒的份量就太輕微;但也不要事件大到書寫以阿衝突,那種衝突很難以原諒的角度呈

現。

　　取材原諒他人的，難免落到別人如何不應該，自己氣度如何，這種寫法，難免被質疑於姿態太高，個人顯得太偉大；取材選別人原諒自己的，則較易由個人的誠心悔改，見得一己的反省能力。

　　至於青少年獨鍾的愛情取材，既因小小年紀談情說愛已是當代很多「成年人」眼中的大不韙，取材先天不良，再加上文句後天再失個調，那也只能夠淒淒慘慘戚戚。所以，應試作文中，能免則免吧！

原諒

楊瀚平

　　曾經一個夜，我獨自在黑暗裡用冰涼的指尖撫著臉頰上火燙的五指烙痕，沒有自己預期般，讓痛楚的淚水在眼眶氾濫，只輕輕收拾起散落在地板上，數十分鐘前被父親扯得粉碎的成績單。拾不起的是，在那巴掌摑下剎那，與紙片一同碎開的心……

　　一向父親開明的態度，在忍受我高二整年瘋玩社團的行為後，徹底崩潰。暑期輔導前，他跟我約法三章，也語重心長地期許我有所作為，表現出長子長孫應有的態度。我則信誓旦旦，要他相信自己的兒子，我輕率地提醒他三年前自己在升高中的大考中，如何地表現亮眼，在霸氣的兒子面前，他無言以對，只一再重申自己對我的期望。那夜，我滔滔雄

辯有如可以呼風喚雨。然而，高中教材豈能與國中教材相提並論？暑修期間，我的信心被暑氣蒸融，回家面對父親，我的笑容依然膨脹自己，即使明瞭那個氣吞山河的狂者已經逃逸無蹤。

　　手錶走過十一點，房間裡無光的氣氛和場景幾乎讓我窒息，我緩慢地移動僵硬了好幾個小時的手腳，扭亮了桌前的燈，照出雙眼凹陷更像幽靈，蒼白而無生機，我面對那張失去溫度的全家福照片呆坐，心中有著懺悔的波潮，我的喉頭因悲傷填塞而哽咽，連自己也不知道自己發出了什麼聲音。父親的掌摑，是多少期許落空的壓力促成的？我讓父親失望了，我讓自己失望了。

　　直到不經意地瞥向房門，門縫間夾著一封信，那是父親潦草而微顫的字跡，窗隙吹進沁膚寒冷的夜風，我卻重新獲得溫暖……

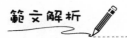

範文解析

　　　全篇以小說式寫法，倒敘寫出一段與父親的衝突。
　　　親子衝突發生的情況多半與孩子求學態度有關，本則不脫常例，但書寫文字力求抒情，減低衝突的力度，增加情思。作者由父親掌摑後，他躲在房內的事件起筆，其次交代衝突原因，並將個人先倨後恭的態度，以動作具體書寫，既呈現個人受傷害的心情，也表達對不起父親的懊惱情緒。至於主題的「原諒」，既由父親從門縫間夾信表現

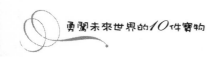
父親原諒兒子未達自己期望；也由作品中我「重新獲得溫暖」，說明作者原諒了父親的肢體傷害。

任何事件都可以由各種角度切入，本篇以入微的刻畫，書寫雙方的歉意及雙方的原諒，情緒不流於衝動，親子的感情，深長綿遠。

>>>>> 題目 4

93-1 台北市指定考科聯合模擬考作文題

有人說：「沒有愛，人生就失去了意義！」也有人說：「愛不分人種，沒有國界。」更有人說：「愛需要智慧與能力。」從小，我們就領受父母的疼愛；就學後，得到師長的關愛、同儕的友愛……，不同的時空產生不同的愛，在接受愛的同時，我們也學會了付出愛。

那麼，「愛」究竟是什麼呢？請以你愛人或被愛的經驗，寫出你的感受。題目自訂。

說明：1.文言、白話不拘，須加新式標點。

2.不得以詩歌或小說寫作，違者不予計分。

3.文長不限

寫作步驟 121

　　「愛」是一個十分寬廣的的題目，可以寫入的材料多，然而，因為年齡與歷練的關係，同學多半寫及的是親情之愛，這個屬於慣性思維的取材，若少了生花的妙筆，或者貼切的例證入文，恐怕又是千篇一律的作品了。

　　寬題需要窄作，如《六國論》，蘇洵取「弊在賂秦」為窄作的主題而寫。如本文之題目，可以由題目「愛」產生極多的詞義，可以寫愛情，可以寫友愛，可以寫仁愛，也可以寫親親之愛。如果兼提數義，固然可以照顧到文章的廣度，卻有不夠深入的缺失。

　　題目交代要由個人的經驗寫出感受，因而，若以「論說文」角度書寫，不免枯燥乏味；如果真的「沒有」自己的經驗，至少必須擺脫慣性思考，避免因為文章的方向相同。比如舉提的例證就不可少：寫及大愛，可舉德蕾莎修女及九二一大地震時的社會愛心；寫及愛情，可用楊過與小龍女、唐玄宗和楊貴妃、吳三桂衝冠一怒，開關為紅顏等故事；寫及親情，即可用目蓮救母、臥冰求鯉、植物人王曉明及其父母等入文。歷史上的事件、我們周遭的事物，也是我們的「經驗」，豈可不取入文？

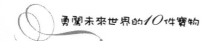

愛　　　　　　　　　　　　　　　　陳宗緯

　　一個人最大的悲哀不是死亡，而是在他活著的時候，從沒感受過「愛」。愛，時時刻刻散布在我們周遭：父母所給予的疼愛、家庭散發的關愛、異性摩擦出帶電的戀愛……這一切的一切，都將我們生活粉刷出千變萬化的顏色，使這世界更加美妙。

　　在我的生活中，我總是輕易地感受到愛的氣氛：老師在下課給的叮嚀、同學們互助的友情、女友傳來打氣簡訊、回到家桌上準備好的熱騰騰晚餐……，總是帶給我一陣莫名的感動和喜悅，感覺體內有一股暖烘烘氣流直達心頭，那是一種既舒暢又溫暖的感受。我想，那就是愛吧！所以當我從各個地方得到愛時，我也會採取一些辦法，將這些愛擴展到四周：生日時寫張溫馨小卡片、下公車時謝謝司機的辛勞、主動地分擔家事……，我要讓每一個人時時刻刻都能有被愛的感受，和我一起分享被愛的感動！

　　愛，是包容的；是互助的；是偏私的；是盲目的；是關懷的。愛，雖然有那麼多的形式，但是卻都有一個共通處：全心全意的、真切的付出。真正的愛是不用加以矯飾，就可以讓對方深切的感受到，也是用真誠的對待，就能讓對方沐浴在溫暖之中。恰似那冰凍的心房透入了些許的陽光，融化了心裡的霜，也融去了豎立在人與人之間的藩籬。

　　證嚴法師說過：「愛，是一輩子的功課。」我深深地贊

同這句話，假使一個人離開了群眾、離開了愛，那他的生活便將黯淡無光，這種日子缺乏喜悅、缺乏色彩；這種孤寂地封閉，這種淒涼的人生旅程，又能有什麼意義呢？我願意當個散播愛的丘比特，將手中的愛之箭，毫不保留地射給每一個人，讓每個人的每一天，都置身在愛的幸福天堂！

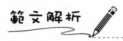

範文解析

> 　　首先談論愛的重要性，其次，透過個人生活的片段，寫個人被愛及愛人的實例；第三段再介紹愛的種類及共同特性，最後以德蕾莎修女的言論作結。取材充實，造語亦佳。

題目 5

96學年度成功高中高三下學期期中考試題

　　※ 讀完下列篇文章，你認為尚恩的父親懂得了什麼⋯⋯，請就你體會到的想法，訂一個題目，書寫一篇約六百字左右的文章。

網路寓言全貌

　　在一場為心智障礙兒童學校募款的餐會上，一位父親在台上真情流露的分享，讓在場所有與會者終身難忘。這位父

親，先是稱讚並感謝學校及老師們的付出，接著，他提出了一個深藏心中已久的問題：

「上帝所創造的一切都是美好的。可是，我的孩子尚恩卻不能像其他正常小孩一樣，自由快樂的學習；他的理解力遠不如人。

我想問上帝：在我孩子身上，祂到底有什麼計畫？」

全場鴉雀無聲。

這位父親接著說：

「我相信，上帝既然將尚恩這樣的孩子帶來世上，祂奇妙的計畫就可能實現——這端看人們如何對待尚恩這樣的孩子而定。」

他說了以下的這個故事：

尚恩和他的父親，有一日經過一座公園。他們看見有幾個尚恩認識的孩子，正在那兒打棒球。尚恩問他的爸爸：「你覺得他們肯讓我一起玩嗎？」

尚恩的爸爸心裡知道，這些孩子們不希望尚恩加入自己這一隊。然而他明白，如果他們能恩准尚恩一起玩棒球，尚恩會是何等開心！於是他走進場上，靦腆的向其中一個孩子詢問，是否可以讓尚恩加入他們。這個孩子徵詢了隊友的意見，但是卻沒什麼回應。於是他自作主張地說：「我們已經輸了六分，現在是第八局，我想，也許他可以在第九局上場打擊。」

八局下半，尚恩這一隊得了些分數，但是還是落後三分。九局上半，尚恩戴上棒球手套，負責防守外野。雖然沒有任何一球飛向他所站立的地方，但他仍然興奮得不得了！

他笑得合不攏嘴，拚命向坐在老遠的父親揮手。

到了九局下半，尚恩這隊又得分了。兩人出局，一人在壘，接下來剛好該輪到尚恩上場打擊。就在這個勝負的關鍵時刻，尚恩這一隊真的肯放棄贏球的機會，讓他出場打擊嗎？

意外的是，他們真的派尚恩上場了。每個人都知道，要尚恩擊出安打，簡直就是不可能的任務。他連球棒正確的握法都搞不清楚，更別說是擊中來球了。然而，當尚恩站上打擊板，對方的投手竟然向前了走了好幾步，並輕輕的將球投向尚恩，好讓他至少可以打到球。

尚恩努力揮棒，擊出一個投手前的滾地球；投手檢起這個滾地球，明明可以輕鬆將尚恩刺殺在一壘之前—— 尚恩一出局，比賽就會結束，對方可說是贏定了！然而，這位投手卻在撿起了球之後，將球高高的丟向離一壘手有一段距離的右外野，這時每個人都大聲的喊著：

「尚恩，跑！跑！跑到一壘！」

尚恩這輩子到目前為止，還沒有上過一壘。他撲倒在一壘壘包上，睜大了眼睛，一臉不敢置信的樣子。

孩子們又開始喊了：「尚恩，跑！跑！跑向二壘！」

當尚恩徘徊在一壘壘包上的時候，右外野手已經接到了球。他大可以把球投給二壘手，將尚恩刺殺在二壘之前。但右外野手顯然瞭解投手的用意，所以他乾脆把球丟的老高，飛向三壘手的頭上。這時原來在壘上的其他跑者，已經迫不及待的奔回本壘得分。當尚恩站上二壘時，對方的游擊手竟然跑向他，引導他跑向三壘。

他大聲喊著：「快！快！跑到三壘！」

當尚恩跑向三壘時，兩隊的孩子們都興奮的尖叫著：「尚恩！快跑回本壘！」尚恩跑向本壘。當他踏上本壘壘包的時候，全場歡聲雷動。他的隊友們給他英雄式的歡迎和擁抱，因為他擊出了再見安打，並且為自己這隊贏得了勝利。

「那一日，」站在台上致詞的父親，眼淚不斷滑下面頰，他輕聲說道：

「這兩隊天使們實現了祂在尚恩身上的奇妙完美計畫。」

因為有尚恩這樣的天使，讓孩子們學習到愛與犧牲的功課；因為有這兩隊合作無間的天使，讓尚恩知道人性純真而美麗的一面。

我們在人生中，面對過無數次抉擇的機會，有時不僅僅是選擇世俗的成敗輸贏而已。即使是一抹微笑，一聲問候，即使是最微不足道的互動，上帝都給予我們抉擇的契機：我們是否在別人身上看到，上帝那奇妙無比的計畫？我們是否選擇成為上帝實現那奇妙計畫的一部分？

人的一生無論有多傲人的豐功偉蹟，都將在別人的記憶中消失；只有「愛」，像一股小活泉，能在每個人心中不斷滴涓、浸潤；最終，將刻劃出「愛」的圖騰，一天比一天深刻、一天比一天深遠，天上、人間都記念。

但願我們都成為：傳遞良善、犧牲、慈愛的器皿。

　　寓言寫作的重點在於，針對該寓言，你所想及的任何議題都可以入文；今日這個題目則是「寓言」與「問答」二合一的寫作題，因此，並非任何議題都可以，如果忘了照應提問中「尚恩父親懂得的是什麼」而寫，就有離題的困擾，不可不小心。比如寫喜憨兒從不勾心鬥角，甚至尚恩的棒球才華，本文皆未提及；再如寫要勇於嘗試，或者要積極面對人生的黑暗面，甚至寫困頓中見堅強，即使主題很棒，取材豐富，結構完整，但與全文內容甚少連結，就是不切題。另外也要注意，本文的內容光明又溫馨，請不要從社會的陰暗面著手。最後，任何作文題目，若能做到末句回應題目，最為合適。

範　例

拼圖　　　　　　　　　　　　　　　　陳履安

　　有這麼一句輕描淡寫的俗話：「上帝關上一扇門的同時，必然也開了另一扇窗。」然而我們常對那一扇窗不感興趣，以至於許久之後，抹去玻璃上的微塵，才發現自己早已貼近了風景。

　　父母都希望有個健康的孩子，但忽略無論伴隨多少殘

疾，孩子都有一顆純淨的心靈，也必然有適合每個孩子的位置。甚至，父母應當感謝孩子的誕生，因為父母在照顧的過程中，學到的更多。獲得成長的，不只是沉浸在愛裡的孩子，更是懂得付出的父母。父子之間的相處，彷彿一場雙人舞，音樂結束前，舞者愈是全心演出，愈能表現自我。我相信尚恩的父親所領悟的是：他擁有看顧一名上帝賜予禮物的權利，他能夠目睹給予的寬容，能夠分享散佈愛的喜悅。他擁有的天命，無聲卻美麗，看似平凡卻透露出光輝。

老子有句：「為人己愈有，與人己愈多。」西諺也有：「施比受更有福。」說的都是同一個道理。當我們為他人奉獻出自身的愛，也就同時得更多的愛，因此，各齒付出，往往使得自身擁有的益發減少。學會手心向下，才能夠得到更多，心靈充實了，生命也亦趨圓滿。弱勢族群在社會上扮演了什麼角色？這是一個難以分析的命題。因為他們，社會的溫暖得以實現。若非在扶助他們時產生的微弱悸動，如何打破人們築起的水泥高牆？若非目睹他們在困境中熾熱如日的眼神，如何說服我們度過生命偶現的低潮？要是不曾見證這城市的關懷，我們該如何為文明做出註解？這些人，幫助我們的世界更趨完整。

拼圖由不怎麼優美的碎形構成，一點點構築之時，風貌才逐漸呈現。把一片長相怪異的碎片放在該在的位置，它就不再怪異，當拼圖完成，便是一幅美麗的風景，是透過上帝為我們開設的那扇窗才能欣賞的風景。

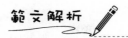

範文解析

以拼圖而喻，將人的獨特與社會呈現的風景相互融合，更能首尾呼應，結構極為完整。

第二段解說尚恩父親體會到的事物。第三段由前段的想法，擴至「施與受」的議題，最後收束於照應弱勢團體，全文高度顯出不凡。

>>>> 題目 *6*

94指考作文(36分)

家，對許多人而言，不止是身體的休憩處，也是心靈的歸依所。我們每天乃至於一生，不斷的在離家與回家的歷程中，構築出一天以至於一生的故事。一般人離家後總不免有回家的企盼，但也有人視回家為畏途，甚或無家可歸。回家對每個人而言，往往存在著不同的意義。

試以「回家」為題，寫一篇首尾俱足、結構完整的文章。敘事、抒情、議論皆無不可，文長不限。

凡命題作文，題目字數愈少，表示所指涉的範圍愈

大，就是所謂「大題」。「大題」往往較靈活，允許考生有較大的發揮空間；故「大題」可以「大作」，也可以「小作」。不過，應考文以「大題小作」較討好，內容才能集中且具體，也容易引發共鳴。命題者提示「敘事、抒情、議論皆無不可」，表示文體（作法）不限，但最好不要通篇純敘事、純抒情、純議論，不妨以其中一體為主，而雜以其他二體。如此，既可展現多方面的文字技巧，也可使得內容更加豐厚、立體。

範　例

回家

王國傑

　　夕陽暈染了紅澄澄的大地，自己悄悄地埋了半邊臉在閃耀的海平線後面。河面上的漁船陸陸續續停靠在港邊；幾隻飛鳥劃過羞紅了臉的天空往山裡去；河面上的波光閃動著往河口奔去；就連河岸上，那紅磚砌起的車站裡，也響起了嗶嗶聲說著自己即將踏上歸途。不論是誰，終究回到歸屬的地方，叫做家。

　　記得小時候，只要去到學校就開始想家，恨不得一天二十四小時待在家黏在家人身邊。一旦到了放學時間，就心急地盯著時鐘等待家人接送，那時我了解等待總是漫長，那時候，「家」對我來說，是一種依賴；是魚兒的水，沒有人能沒有家。光陰流逝並非毫無痕跡，它在我身上留下的是獨立的印記！

　　上了國中，到了高中，隨著朋友愈來愈多，待在家裡的時間像蝌蚪尾巴一樣愈來愈短，我開始覺得回家也不是什麼重要的事，甚至覺得沒有朋友陪伴比沒回家更難受。這是我的成長獨立，此時光陰留下的，是對外面世界的疲累。

　　高三生活中接連不斷的考試、挫折，我開始感到無力、疲倦；在這龐大的升學制度之下，我已經迷失了方向，茫然了自我；在一疊疊的模擬考卷，一次次的反覆操演，在這斯巴達的機械式反覆操練之下，我並未得到吟哦沉思的樂趣，踏入到思索推演的殿堂，反而逐漸喪失了當時的初衷。每當我駐足在升學門口，矛盾的情緒正如洶湧的洪流般無情的將我淹沒，心力交瘁之下，我才發現「家」是我可以釋放自我的地方，支持我的，是「家」的力量。

　　當我陷入憂慮與畏怯的交會點，家人總是適時地出現為我劈開桎人的枷鎖，也有如海島上的巨型燈塔，在漫漫無際的黑夜中，將我從狂風暴雨的黑夜中拉起，為我指示明燈。一次次的扶持，一次次的關愛，讓我有從困境中再爬起來的勇氣。回家！是我始終如一的渴望與企盼。

　　十八歲的我，真的明瞭「回家」的意義。

範文解析 ✏

　　全文以「見山」的三部曲寫「回家意義」的三個層次，極具哲理。首段能以景入文，氣勢便不凡。第四段詳述處身升學制度的壓力，再於第五段詳述回家所感到的照顧與溫暖，兩者對比極為強大。末段收束，言簡意賅。

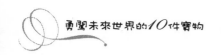

 題目 7

96學測作文題

　　或許你有過類似的經驗：熟悉的小吃店正在改裝，即將變成服飾店；路旁的荒地整理之後，成為社區民眾休閒的好所在；曾經熱鬧的村落街道，漸漸人影稀疏，失去了光采。……

　　這些生活空間的改變，背後可能蘊藏許多故事或啟示。請你從個人具體的生活經驗出發，以「走過」為題，寫一篇文章，**內容必須包含：1.生活空間今昔情景的敘寫、2.今昔之變的原因、3.個人對此改變的感受或看法**，文長不限。

 寫作步驟 1 2 1

　　這是一個結合時間與空間的命題，辛曉琪有一首歌即名「走過」，歌詞：「走過，就該珍惜；愛過，夫復何求」，直接道出了這個題目期待達到的目標：珍惜體驗，瞻望未來。亦可以做為本文思考的方向。

　　同學們可以先快速回想生活周遭及現實環境中，有哪些景觀變異：學校建築物有何改變？鄉下農田變高鐵？過去社區小朋友當作祕密基地的公園變成停車場？老舊的眷村改建為現代化嶄新的國宅？當前正整地的荒田未來會不

會成為另一幢世界知名建築？確定自己要找的「改變」標的之後，其次思索種種改變蘊涵些什麼意義？自己對這種改變有些什麼想法？甚至產生了哪些情緒？

由題目大約可以推知應有些許惆悵與不捨，但是變異未必只帶來這種情緒，大破是為了大立，為了美好未來，對於現狀必須有所取捨，如眷村的拆除是為了綠化的未來。有時，部分變異也來自於市場經濟的面向。沒有不捨與戀舊的學生不必為了惆悵而「強說愁」。

無論是實際步履的走過，還是人生歷程的走過，這是每個人都有的經驗。走過的經驗可能是甜美的，可能是挫折的，但是肯用心生活的學生，必然能夠明暢書寫出自己的「走過」。

範　例

走過　　　　　　　　　　　　　　許家愷

　　小河盤據著大地，像母親懷抱著孩子一樣，張開溫暖的手，將整個河堤擁入懷中；我站在河堤上，倚著腳踏車，秋風吹拂著大地，如此鍾情於自己所生長的土地，吹著滿野的蘆葦花起伏，金黃色的浪花一直衝擊到河堤邊，打上我的眼簾才猛然收勢──那是童年時在鄉下的時光。

　　孩提時代是在鄉下度過的，一群吃草的小羊，一灣低吟的小溪，一座跨小溪的竹橋，當時的快樂總是來得那麼理直氣壯，卻也走得無聲無息。最喜歡一大早跟著爺爺奶奶到

田裡去，除了喜歡那一份親近土地的感覺外，更喜歡站在爺爺貨車上，走過田間的小路，看著兩旁一望無際的稻田、童年的玩伴，一一從身邊漸漸的遠去、消失，雖然當時沒什麼煩惱，但還是很喜歡那種遺忘和被遺忘的感覺，好似在穿過這小路後，就到了另一個世界去了。一路總會在泥土路上留下長長的一道軌跡，好像記錄著一種存在，告訴自己也告訴大地，曾經這樣走了過來。田邊的河堤，就是我玩耍的地方，藍藍的天空點綴著白色的雲，映照在河面上，卻成了一群群低低飛過的白鷺鷥，遠方的地平線，沒有任何的阻攔，就如同當時對未來無限開闊的想像。靜靜地坐在河堤上，看著小河流向未知的遠方，好像就是在這個時候，愛上了這樣的空間和時間，是山河，是童年。

當時的那個男孩，好像也真的隨著流水，走過了這片大地，去了一個不能回頭的地方了。隨著年紀漸長，不再擁有的那麼多，漸漸的，對快樂多了那麼份執著，一種執意要守著什麼的神氣，半是對已逝時光的任性，半是對過往的溫柔，好像生怕在這樣對生活、對歲月妥協，又會遺失了什麼，要把生活裡細細瑣瑣的東西一一護好。如今再回到河堤邊，蘆葦花浪早已退潮，取而代之的是一片片興建的工地，天空不再蔚藍，而佈滿了工廠排出來的廢氣，爺爺過世了，農田荒廢了，充滿泥土氣味的小路被鋪上硬硬的柏油，再也看不到走過的痕跡了，這一切好像不斷的提醒我，童年走了，永遠不會再回轉，不管也是屬於快樂，或是屬於淒傷。

看著這樣的景色，忽然想起席慕蓉的一首詩，大意是這樣的：不要對我說再見，因為再見後的我，已不是當年的我

了……。

範文解析

> 　　全篇透過農地變城市的轉化，寫出認真走過的歲月。全篇充斥著濃濃的無奈與感傷。篇末以席慕蓉的作品收束，寫出「凡走過的，必留下痕跡」的體認。

題目 8

99學年度成功高中高一課堂習作

　　《父後七日》電影裡的父女回憶，來自劇本初稿時資深業內好友的建議：多一點，溫馨感人的父女戲吧！

　　還在讀高中的女兒，自學校返家，父親騎著野狼機車去車站接她。一路，父女隨意攀聊，爸爸問她，模擬考考得怎樣，會不會上台大。女兒噘嘴耍耍大小姐脾氣，不要再問成績的事啦！而時光忽一轉，摩托車上的父女錯位。女兒騎著機車，載著父親，只可惜，已不是能說能笑的老爸，而是一幀遺照。

　　拍這場戲時，我毫無預警會被震撼到痛哭流涕。我在攝影車上，看著小螢幕裡那對如情人一般的父女，情緒驟然失控，淚水關不掉。劇組人員以為這是我的親身經歷，所以不能自己。其實，真正的原因，只有我自己明瞭。

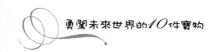

沒有。我和我的父親沒有過這樣親密的相處。這才更教人難過，因為，再也沒有機會了。（劉梓潔《父後七日‧後來》）

在你與父親（或母親）相處的時日中，有沒有一件事情有著一幅格外令你印象深刻的畫面？請以《聆聽父親》或《聆聽母親》為題，記錄這件事情，這幅畫面。文長至少300字。

寫作步驟 121

針對命題作文而言，要得到Ａ級分，必須：(1)扣住題意發揮；(2)情感真實；(3)感受和見解深刻；(4)描寫細膩；(5)結構完整分明；(6)文字順暢生動。

上述的要件中，(2)到(4)最合適的呈現方式便在於「畫面式的寫作」，透過一幅畫面，讓自己的情感真實呈現，含蓄呈現，不至於落入矯情之疵。另外，要呈現「畫面」，不但要看得仔細，也要以慢動作分解，這也是描寫細膩的代表。

所以，同學們在寫作文時，第一要找出一個素材來，最好時間愈短愈好（不要一寫就寫十六年），如果貫串的時間長，就要找出一個主軸來（本次作文很多同學都能注意這點，實在很可貴）。

其次，腦中要有一個主要的畫面，這個畫面應是最

能把主要感情呈現的畫面，然後，寫得慢一點，寫得細一點，畫面即可自然呈現。

最後，全文最重要仍在題目。同學們被題目牽著，只把父母的話說出來，這固然是一種「聆聽」，但是卻是一種著相的聆聽，豈會比得上把父母對我們的某一件事寫出，然後聆聽到父母的心聲那般討喜呢？

聆聽母親　　　　　　　　　　　　姜柏任

每個陽光灑落的午後，母親都會獨自倚在客廳的那只茶几旁。有時啜著一杯放滿三大匙糖的咖啡，或者偶爾眺望遠方起伏的城市、山巒，母親會趁此時細細的品味悄悄進屋的暖暖陽春；但大多數的時間，她都專注的爬著一行行似乎永無止盡的格子。

那天，尚就讀小三的我提早回到了家，端了一盞冰鎮普洱，慢慢地拉了張矮凳坐在母親身邊。她忙得沒有說多少，只是咕噥了一句「回來啦」，吵吵的筆振聲不絕於耳。深綠色的稿紙，和不斷涓涓流入陽台的日芒，就這樣映照閃動在母親專注而微微蹙眉的臉龐上。我望著她圓圓寬寬的額角出神，突然湧起一股肅然起敬之感——作家，如此神聖而令人敬畏的職業，就在此時將遠方的蟬聲、和落地窗外婆娑的樹影，一一的琢磨成美麗而晶瑩的文字，輕輕的在紙上反著微

光。

　　菊花普洱什麼時候倒空的，我忘記了；那天晚上做了些什麼，我也不甚記得。但直至今日我所不能遺忘的，是母親認真而凝神的臉，在六月不斷搖曳的光影下，讓我看見毅力所能燃起的火花。

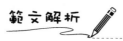

範文解析

> 　　設計事件在一個午後，母親的行舉能夠緩慢敘述，畫面確當。透過書寫，作者掌握母親喜愛創作的特質（寫事），把握住母親寫作時周邊的靜謐氛圍（寫景）；至於作者對母親的崇仰，透過「在六月不斷搖曳的光影下，讓我看見毅力所能燃起的火花。」含蓄道出，更是高明。

>>>>> 題目 9

97 指考預試卷 1

　　近年，某些民間人士發起「千里步道運動」。這項運動的訴求為：探查、連結一條環繞全臺的步道，供徒步者與自行車悠遊其中；步道周邊立法設為「美麗風光保留區」，保留台灣山、海、平原的自然與人文之美。這一訴求如果實現，人們可以揹著行囊或騎著單車，走進各地的生活場域，享受步道沿線豐美的自然生態與在地的人文風貌。

　　請你依據「千里步道運動」的精神，結合自身的在地生活經驗，再加上一些想像設計，描寫出一段你心目中理想的步道樣貌；並且省思構築「千里步道」的意義與價值。題目自訂，文長不限。

寫作步驟 121

　　千里步道一題，要寫一段心目中的理想步道樣貌，並省思其中的意義與價值。也就是，不能單純記敘，也不能只有論述。同時，不能不訂題目，會遭降等。廿分以上的作文，即使「文長不限」也至少要有五百字，才能把內容說完。

　　這種文章算是「寫景」與「論述」的結合，同學們應該把握「文詞精緻」的特色，多書寫如：「比起山的雄偉，我更喜歡川的靈秀，它就像是嫘祖紡成的蠶紗，柔潤滑亮，久看不厭。」或「一望無垠的油菜花田，那金黃色的光澤在陽光的照耀是更顯生姿。」的文句。

範　例

淨土　　　　　　　　　　　　　　　　　　李佳融

　　清風在樹林間漾出了片片連漪；蟬鳴揉碎在鳥語中譜成一章最純淨的交響曲；輕步在綠蔭之間，翱翔於熙攘之外，

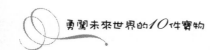

追隨著散在大地的光之足跡，一步一步的踏在這無瑕的自然中，沒有一絲矯作，只有一片的純淨。

清風徐來，我的步調亦是如此，走在這深幽蓊鬱的山林裡，濃蔭多濕的山嵐為風景增添了一份朦朧之美。秀麗而繁蔭的樹木及參天般雄偉的山巒矗立在我面前。我凝視那沾濕霧氣呈現深綠的葉片，被光線照射的水珠反映出不同姿色。

不夾雜一點人造的氣息，純潔而清靈，就連足下的步道都是眾人們一步一印的踏出來，只是最單純的自然與最豔麗的生命，讓喧囂化為一縷縷白煙，隨著光合作用一起消失在這樹林間，化成無限輕盈。

開始山路並不陡，步道轉個彎，城市喧雜的聲音轉成青綠的草木，只聽得蟲鳴、鳥叫以及風的細語。古道右邊是相思樹以及竹林構成的山野，左旁則是天鵝般青草鋪成的山谷。兩相對應出古道深邃綿延土色巨蜿蜒匍匐其上。

在自然洗禮中走出，兩旁逐漸清晰的人跡也悄悄的融在自然之中，輕鬆的笑語聲溢滿了整條街道，洋溢出專屬這裡的芬芳與柔情，那股對創世紀溫暖的懷念。轉向蘇花高，那迂迴詭譎的道路，被雄偉的山勢和洶湧的海洋包圍。右臉彷彿有嬌媚的姑娘溫柔輕拂，左臉卻被凶惡歹徒的銀刀銳氣肆虐，那反差的氣境，任何行旅其間的人都無法忘掉那感受。

身在繁縟的塵囂之中，流連在紙醉金迷之間，空洞的眼神，急促的快步，這樣的煩躁，不正需要大自然溫柔的懷抱嗎？不正需要人文的紓緩嗎？重新找回失落的自我與一絲的平靜。

在這裡我找到了真實的生命與一顆純潔的心靈，淨化後

我將回去繼續活下去，我會再回來體悟生命，品嚐這潔淨的
土地！

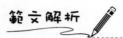

範文解析

> 　　遣詞造句精緻，步道的四周描述得詳細，步道時而虛
> 幻，時而真實，未必符合實際「規劃」的題意，卻柔美一
> 如題目所指的「淨土」，表現出對土地的熱愛。

寶物三

天平的兩端

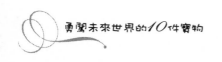

前言

　　孔子說：「君子喻於義，小人喻於利」，君子的價值判斷在於「義」，他們的選擇都以此為根底；小人的價值判斷在於自私自利，這也是小人的選擇根底。每個人在日常生活中做出的每一個小小的選擇，都有個人價值觀為底子，而一個又一個的選擇與價值，最終將導引每個人寫出自己的歷史，完成自己的理想。

　　人生於世，每天都在自己的理想天平中作出選擇。在這些選擇當中，價值觀是舵，指引著必然的方向。正如孟子於〈盡心篇〉所言：「雞鳴而起，孳孳為善者，舜之徒也；雞鳴而起，孳孳為利者，蹠之徒也。」

　　林義傑追求「長跑」競賽的生活之路，曾經以開計程車為業，直到覓得贊助單位，生活即使困窘，卻無礙他對理想的行進路線。蘋果電腦的創辦人賈伯斯在史丹福大學修課一學期就中輟，他依著自己理想的方式旁聽所有想要聽的課程，其中諸多課程成就後來蘋果電腦令人愛不釋手的美感元素。

　　多數人的生命，並不是旅行於固定軌道，反而更像航行於茫茫無垠的大海。如果少了價值觀當自己的指南針，即使沒有驚濤駭浪，也將無所適從。暢銷作家九把刀以個人的成長史，解析「築夢之美」，他活在不斷努力追求夢想的日子之中，也藉此成就了個人價值。

　　所謂個人的價值，是個人思想、價值觀以及行為準則
所建構而成的精密體系。建立個人價值之前，總是經歷了
許許多多的選擇——「錢、權、勢」或許可以得到他人的
畏懼，但是個人價值可以獲得人們的敬佩與景仰。而這種
價值勢必取決於是否盡到個人的責任以達成更高的社會正
義。

　　林肯在美國內戰期間發表不到二百八十字的蓋茨堡演
講，是美國歷史上最偉大的演講之一，當年，有人問他這
篇演說花了他多少時間，他回答：「花了我一輩子。」那一
篇演說「凡人生而平等」的主題，正是終林肯一生信仰且
追尋的理想，而他也透過這個理想完成個人的終極價值。

　　依照行為科學家的研究，兒童時期喜歡或擅長的事，
長大後常成為我們的專長，歌劇魅影製作人韋柏，在童年
歲月便花大量時間自編自導小型舞台劇娛樂家人；小時候
被籃球隊汰，但仍夢想可以上場的麥可喬丹，將自己訓練
成了空中飛人。小時候無限可能的夢想，透過一套鞏固的
價值觀，可以將生命拓建成一望無際的田野。美國威爾遜
總統曾說：「我們因夢想而偉大，所有的成功者都是大夢
想家。」

　　今日，我們談起「荊軻」，多數人腦中即有視死如歸
的壯士形象；談起「莎士比亞」，那麼維多利亞女王時期
的種種都會被喚醒。人生在世走一遭，建立出個人的價值
便是建立了個人品牌，如果再能如GOOGLE一般，由名
詞變成了動詞，那麼我們個人將不只是品牌，更是領導品
牌。

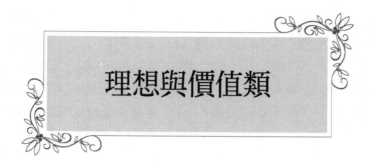

理想與價值類

95年學測考題

　　請閱讀下列資料後，<u>分別針對老師甲、家長、吳生的</u>觀念、態度，<u>各寫一段</u>文字加以論述。

（甲）老師與家長的對話

老師甲：「吳茗士同學是我們班最優秀的學生，天資聰穎，
　　　　不但有過目不忘的記憶力，數理推論與邏輯能力也
　　　　出類拔萃，任何科目都得心應手。更可貴的是，他
　　　　勤勉好學，心無旁騖，像大隊接力、啦啦隊等都不
　　　　參加。我想，他將來不是考上醫學系，就是法律
　　　　系，一定可以為校爭光！」

家長：「我們做家長的也是很開明的，只要他專心讀書、光
　　　　耀門楣就好，從來不要他浪費時間做家事。老師認為
　　　　他適合什麼類組，我們一定配合，反正醫學系、電機

系、法律系、財金系都很有前途，一切就都拜託老師了！」

（乙）A同學疑似偷竊事件

A生：「老師，我沒有偷東西！吳茗士當值日生也在場，可以為我作證！」

吳生：「我不知道，我在算數學，沒有注意到。」

老師乙：「吳茗士，這關係到同學的清白，請再仔細想想，你們兩人同在教室，一定有印象的！」

吳生：「我已經說了我在算數學，哪會知道啊！而且，這干我什麼事？」

（丙）生物社社長B與吳同學的對話

B生：「你不是不喜歡小動物嗎？為什麼要加入生物社呢？」

吳生：「我將來如果要申請醫學系，高中時代必須有一些實驗成果，而且社團經驗也納入計分，參加生物社應該很有利。」

B生：「我們很歡迎你，但是社團成員要輪值照顧社辦的小動物喔！」

吳生：「沒有搞錯嗎？我是參加生物社來做實驗的，又不是參加寵物社！」

（丁）同學C的描述

「吳同學功課好好，好用功喔！不但下課時間不和我們打屁聊天，而且對課業好專注，只讀課本和參考書呢！像我愛看小說，他就笑我無聊又浪費生命。唉，人各有志嘛！我想他將來一定會考上很好的大學吧！」

寫作步驟 *121*

　　四段內容，說明了一個思想千奇百怪的校園親師組合。透過本題，目標極為明確地，期望同學們能省思考試本位的功利思想。

　　只是，簡單的一個功利思想，卻要分成三個角度評論，分別提及他們思考點的立基與想法的錯誤，因此具有相當的難度。

　　三者之間找共通性便可以有主題，千萬不要只找出自己最想要寫的內容下筆。這種題目，一定要「論述提供的素材」，如果不符題目要求，反而會被扣分。

範　例

蕭富彥

　　文中之師面對家長可說卯足了勁，一面倒地誇讚他的孩子，著實煞費苦心，老師竊想家長愛聽什麼，便渲染其詞，逗得家長不亦樂乎。然而「最優秀」豈僅是成績優異？「心無旁騖」豈可謂澆薄人心？我相信老師心知肚明吳生之缺失，卻刻意護短，「隱惡揚善」？這位家長顯然期待吳生能出人頭地，他哪會樂意聽到老師對自己兒子的批評？這是老師的權變之計。

　　這位家長完全不了解升學資訊，只希望自己的兒子要

光耀門楣。迂腐的思維甚至忽略身教栽培的機會；忘記家庭教育的重要性。成績掛帥，功利矇目，哪裡是讀聖賢書之美意？家長灌輸孩子「萬物皆下品，唯有讀書高」的陳腐觀念，豈不哀哉？

　　一年後，吳生必定能夠考上理想大學，但那也將是一切悲劇的開始。在高中不知積極參與公眾事務，如何累積人脈？不願花時間在善事之上，如何奢求他人的協助？只知活在自己的世界，步步只為成就自己，勢必離世界愈來愈遠，永遠都是一個孤單的人。

　　富裕的社會，物質無限成長的結果，帶來各式的衝擊，尤其在精神方面更顯空虛迷惘。家長一味催促孩子追求好成績，不顧其人格養成，老師怕得罪家長不願指出學生人格的缺點，以致吳生這種學生屢見不鮮。功利的家長養成功利的學生，催生功利的教師，於是：好成績有好大學，好大學有好工作，好工作有好生活，成了定理，物質繁華的社會中，沒有人能得到一絲喘息。

範文解析

　　筆者先以教師的角度談論，給了教師一個免死金牌，似乎指出當前教育圈中，最為弱勢的一環正是無力給予家長指導的老師；其次直指家長的自私心態；最後透過分析吳生，表現對該學生的同情與無奈。家長學生與老師之間串聯出一個食物鏈，閱讀者不免一聲長歎。而全文最妙之

處，在於末尾精闢的談論，透過該文，點明一切都是社會氛圍，可憂可歎，且難於導正。

99學年度成功高中學生課堂習作

美國小說家約翰史坦貝克在《憤怒的葡萄》中說道：「人總是要前進的，他有時會忍受顛簸、忍受痛苦、忍受挫折，但還是要向前。他邁步向前，也許會滑倒，但只是退回半步，絕不會就此罷休。」

請由「我的北極星」為題，說明個人的夢想與期待，書寫結構完整的文章。

這是一篇寫出自己夢想的文章。所以第一步，一定知道自己有什麼夢想。有些同學寫自己的北極星是家，是五月天樂團，這種寫法，就是弄錯題目要求了。其次，高一學生寫夢想，不必一定要有痛苦或挫折，但一定要有十足的熱情與想望；「為何擁有這個夢想」，是可以入文的好材料。最怕人云亦云，好像這個夢想與千百人都相同，那麼自己只是受社會制約的一個棋子，那麼，那個夢想再偉

大，也不具任何意義了！

我的北極星　　　　　　　　　　馬偉傑

　　在那遙遠的天空中，懸掛著一顆閃爍的北極星，不論時空的變化、四季的更迭，它依舊站在那北方的天空。它的閃爍或許不是最耀眼的，但那亙久不移星星，讓我們知道，它會是我們追尋的方向，只要我們朝著北極星指引的方向，我們一定可以度過重重難關，達到理想的目標。

　　從小，家中只有我一個孩子，因此，我背負著父母的希冀和期望，這甜蜜的負荷讓我不斷勉勵自己，不斷從失敗中爬起，為了報答父母的恩情，也為了實踐我的夢想。回憶起從前，媽媽和我的身體格外體弱，只要受一點風寒，需要很久才會康復，後來，我被一部卡通吸引——怪醫黑傑克——它開啟了我對未來無限的憧憬。故事中，黑傑克是一位外科醫生，他魔幻似的醫術，救治無數生命，我立志成為懸壺濟世的醫生。

　　隨著年紀增長，我才發現夢想遙不可及，兒時的熱情曾一度被現實熄滅。此時，我明瞭，若不加倍努力，夢想畢竟不會成真，兒時心中的火苗漸漸擴大成燎原之火，驅使我不斷往前進。現在，我依然懷著這樣的夢想，一路上，有時會面對沉重的升學壓力，情緒的悲傷、不穩定，

但當我想起夢想時，這些煩惱和不愉快總會如霧一般散去，我會再度提起衝勁，大步往前。

　　人生就像在航海，熱情是羅盤，行動是風，夢想則是目的地，若缺少任何一樣，則會在大海裡迷失方向。星空中的北極星，有如汪洋大海中的一座燈塔，它引領著迷失的船隻，帶領我們走出昏暗的天地，重新掌握正確的方向，邁向人生的目標。

範文解析

> 　　具象與抽象完美結合。夢想的源頭似乎與多數人相同，難有新意，幸而本文得以以美句取勝。

題目 3

97-2 台北學測聯合模擬考

　　「一個人的自由是幸福，兩個人的束縛是奢華的幸福。」

　　「懂得掌握速度是幸福，懂得放慢心情是奢華的幸福。」

　　「趕上公車是幸福，趕上多年前錯過的那個人是奢華的幸福。」

　　「另一半愛你的可愛是幸福，另一半愛你的不可愛是奢華的幸福。」

　　「懂得閱讀別人的故事是幸福，懂得閱讀自己的人生是奢華的幸福。」（改寫自奇美廣告系列）

　　在這個人人尋求幸福的年代，你為什麼是幸福？請以「幸福」為題，寫下你對於幸福的詮釋與體驗。請注意：務必抄題；文中必須包含「幸福的定義」及「具體的自身經驗」，文長四百字以上。

寫作步驟 1 2 1

　　以取材而言，這個題目最重要的是「你」對幸福的詮釋，別人如何如何，可以提，但是請不要佔太多篇幅（一段都算太多了）。

　　所謂具體的自身經驗，必須是詳寫，不能是簡寫，凡是只用一句話就算「舉例的」，都不夠具體。至於自身經驗，最好是「切身」，而不是「看到的」，否則體悟一定不夠深入。

　　最後，取材找家人是 OK 的，至於寫愛情呢？要寫得夠美、夠純情，不然會被 KO。文長四百字以上的要求，請務必自我追加到五百字，這樣比較安全。

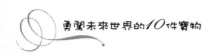

幸福

賴俞安

幸福像是水一樣，握得愈緊抓住的愈少，必須細心的用手捧起，好好的照料它，才能得到滿滿的幸福。

幸福是屬於懂得珍惜的人，每天早上睜開眼，跟爸爸媽媽道聲早安，吃著愛心早餐，呼吸早上清新的空氣是一種幸福。坐上公車來到學校與同學一起學習、嬉戲。中午邊吃午餐、邊與朋友互相談心，也是一種幸福。太陽由金黃色轉變成火紅的夕陽，緩緩從遠方的天際落下，結束了學校生活與三五好友往圖書館移動；傍晚的夜色，桌上充滿知識芬芳的書本，夜晚的空氣全都凝聚在我的臉龐，我享受這種寂靜的幸福。不需要我愛的人都愛我，不需要我是出身在貴族世家每天都能吃著山珍海味，其實幸福是很平價的，只要懂得珍惜，幸福其實就在四周。

幸福並沒有固定的配方，應該就是心中的滿足與快樂雜揉而成的感覺，讓人心中飄飄然的靈丹妙藥。有些人在事業上的登峰造極讓他感到幸福；有些人需要有愛情的滋潤，會覺得幸福種子發芽；有些人只要母親在寒冬送來的薑茶，嘴邊便能感受到暖暖的幸福。幸福的多樣貌，也是人們追求幸福多管道的一種體現吧。 古人有云：「施比受更有福」，我想，每個人在汲汲營營於追求幸福時，也要幫助他人追求幸福，當我們在享福的同時，也別忘了與別人分享幸福，最後回饋給自己與大眾的幸福，才是真正甜美的幸福啊！

　　人們生在世上，一生追求無疑是幸福與快樂的結局。自嬰兒呱呱墜地，一隻小手在空中胡亂揮舞，想要投入母親的懷抱，不正是想在人世間攫住那一絲幸福？情侶之間的依偎，那一絡髮絲所倚的肩頭，也是圍住兩人的幸福城堡！或許很多人會問我，你覺得自己很幸福很快樂嗎？答案很明顯是肯定的，雖然在很多人眼中我的生活可能很平凡很乏味，我並不這麼覺得，因為我能抓住每份感動，對我來說幸福是件很簡單的事。

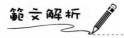

　　題目既然是抽象的，那麼取材必得依靠具象事物呈現。本文在第二、四段細數著生活中的幸福事件，便是很好的取材。至於事件的敘述，第二段重在簡述，第四段重在形象特寫，各有特色。

　　取材具象之外，更以多樣譬喻摹狀「幸福」，更將「享受幸福」的期望，拓展成「發散幸福」的層面，更具利他意涵。

新竹高中94學年度第一次指考模擬考

　　丹尼爾，新竹縣尖石鄉石磊國小的孩子都叫他「老丹」，這位來自美國的準電信博士，三年前無意聽到「石

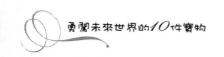

磊找不到英文老師」，從此每週花八小時，騎著腳踏車，踏在曾經摔死兩位校長的凶險山路，到中央山脈最深處的迷你小學，上一堂英文課。一千多個日子，兩千多公里路程，從未缺課、也未曾取過一分錢。（取自《今週刊》）

1. 請你將上述內容擴寫成一篇500字左右的文章。
2. 主旨必是是「金錢以外的另一種美麗價值」、「丹尼爾的行為與台灣汲汲求利的主流價值對照」。
3. 請自訂題目。（題目未寫扣三分）

因為主旨的限定，這個題目很容易寫成「指責批評」的嚴苛路線，請記住，大考中心的閱卷老師曾有句名言：「人心都是肉做的。」走溫馨路線絕對比較吃香。

說明要求指定要「擴寫」，所以提供的事件必須包含全文之中，但若只寫事件，未必能夠完整呈現主旨。所以一定要有啟示或感想，才能提昇整篇文章。

洪流上的付出　　　　　　　　呂劭倫

文字，代表著歷史的開始；金錢，代表著文明社會的開端。金錢象徵著名譽、地位，甚至力量。它駕馭著資本社

會金錢數字的洪流。有人認為金錢代表一切，但在世界的角落，有人跳脫金錢洪流看見了另一種美麗的價值。

孔子云：「富貴於我如浮雲」，有更多隱士騷人不愛阿堵物而愛實現自我，以心中那對世界無限的愛，封填利益的江道。陶淵明不願為了五斗米折腰，王羲之不屑權貴而坦腹東床；介之推為了表達自己的立場被焚於首陽山，莊子為了表態而提出曳尾塗中的道理。放眼望世界可以找到更多美麗的價值，一旦陷入銅臭河，將再也無法看見、聽見。

古人超脫世俗，現代人也毫不遜色。在台灣，新竹縣石磊國小，有顆愛的種子在這裡漂上了岸，萌芽苗壯。這位來自美國的準電信士，一千多個日子，跨越兇險的山路，不為了高額的薪水，而是為了教小朋友一堂英文課。這種義工博愛的精神，證嚴法師辦到了，德蕾莎修女達成了，都只是為了散播無限的愛。

眼看大考季將屆，八月時，莘莘學子選填大學主科時的態度，多半仍會如蠅附羶，挑選資訊、醫學、電腦等「好」的科目，簡言之，是「金錢」的力量驅使人們的選科取向，這是當前社會的共識，也是一般人的固定答案。人一旦忘卻了自身的價值，就會接受以金錢衡量自己的價值，每天拚搏，只為賺取更多的錢，不斷追名逐利，被金錢牽著鼻走；明明金錢由人類所創，最後人類卻倒過來受其操縱，永遠擺脫不了金錢的羈絆，這種情況何其難堪？

汲汲求利是這個社會的通病，這不是任何人的錯，錯只錯在踏上起通往名利之梯的，是人性的黑暗面。洪流的碼頭存在於另一側，只要我們肯探出水面。

範文解析 ✏

> 　　以豐富簡例述說金錢之外的價值，簡例古今皆有；再以當前社會現象披露金錢為指標的可歎。多用美好的譬喻美好，及精準的轉化，使得意念具體。
>
> 　　惟譬喻最好一以貫之，如「錯只錯在踏上起通往名利之梯的，是人性的黑暗面。洪流的碼頭存在於另一側，只要我們肯探出水面」，怎麼一下在梯上，一下在水底？最好改一下，邏輯才能成立：「錯只錯在踏上起通往名利的船，往往泅泳在黑暗人性的洪流上。洪流的碼頭存在於另一側，只要我們肯探出水面」。

>>>>> 題目

95年指考作文

　　人總是想飛的。飛，是一種超越，帶來心靈的自由；但也有人禁錮自我，扼殺了想飛的念頭。你是否想飛？你想飛翔在什麼樣的國度？飛帶給你什麼不一樣的感覺與改變？

　　試以「想飛」為題，寫一篇結構完整的文章。敘事、抒情、議論皆無不可，文長不限。

寫作步驟 121

　　〈想飛〉一題，呼應了人們心中想要超越現實、渴求心靈滿足的想望。同學可以思考、想像，採用「虛實並進」，由實體的「飛」寫到抽象的人生層面，如此寫來，便具有深度。

範　例

想飛　　　　　　　　　　　　　　　林子翔

　　創世紀初，上帝創造人類時，它賦予了每個人一對豐滿的羽翼，所有的人，在遙遠的時代裡，都有飛翔的能力。不知經過多少個世紀，人類不知不覺地拿起一把把名為財富、權力、金錢、貪婪的剪刀，一刀刀剪在自己的羽翼上，於是，到了現今，已經沒有任何人會飛翔了。

　　雖然如此，但人類還是嚮往天空的，就好像鳥雀終究朝南枝飛一樣。十八世紀，就有萊特兄弟發明飛機試圖衝破穹蒼，奔向天空的野心嶄露無遺。人的骨子裡終究藏著想飛的基因，我也不例外。我常常幻想著自己有一天能夠飛向天空，也幻想著如莊子一般憑虛臨風隨心所至。然而，我的翅膀總是纏繞著太多太多的鐵鍊，纏著所謂的自己對自己的期許、家長對我的期待和師長對我的期盼，一直無法很豪邁的放下這一切，展翅高飛。我時常困擾著：那麼多的期待和那

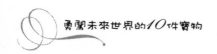
麼多的期盼，到底值不值得我的翅膀再一次奮力飛翔？

到目前為止，我的旅程，充滿著一連串矛盾的過程。各種目標不管可能或不可能，都像一座座牢籠。而我，總是用一種眼光，穿過籠子的縫隙看向天空。換句話說，我的目的就是想辦法達成目標打開這個籠子，飛向天際。展翅飛翔，然後，再碰一聲，撞進下一個籠子，繼續找尋飛出去的方法。或許這過程看起來無意義也愚昧，花了大量的時間卻踏上一樣的結局，而我，卻被那短暫的飛翔所吸引。當下的大學指定考試，便好似上了重重枷鎖的籠子，就算飛出這個籠子，大學生活又何嘗不是一項更艱鉅的挑戰呢？又何嘗不是一棟更大的籠子呢？但是，對我而言，只要能夠飛出這個籠子，享受短暫的飛翔，便足夠了。下個階段自然會有它的挑戰，能夠把握脫離的當下，享受飛翔，不就是最美的事了嗎？

放開心胸，展翅飛翔應該是最美的事了吧！縱使曾經關在籠子裡，縱使下一站旁人看起來還是一樣困住同一個地方，但我依舊甘之如飴。短暫飛翔的感覺比什麼都美妙，能夠享受那片刻的快感，區區籠子又算什麼呢？現在的我，就是這種情況，但我離天空的日子近了，我清楚的看見，我之後飛翔的模樣。所以我會耐心的等待，等待下一次飛向的彼端。

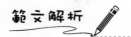

範文解析

從傳說開始途述,「人類不知不覺拿起一把把名為財富、權力、金錢、貪婪的剪刀,一刀刀剪在自己的羽翼上,於是,到了現今,已經沒有任何人會飛翔了」做出不能飛翔的推測,與個人的價值觀相合,極具張力。結合個人想飛的念頭與疑慮,能展現當代青年的想法;末尾的詮釋,為個人的努力做了最好的定義,決定後就力行,力行後決不後悔!

 題目 6

96-2 台北市指考聯合模擬考

年輕的你,是否許下願望?在這人生的第十八個年頭,你的願望是什麼?請閱讀下列蔣勳〈願〉一詩,並以相同的題目,寫一篇散文。文長三百字以上。

我願是滿山的杜鵑/只為一次無憾的春天/我願是繁星/捨給一個夏天的夜晚/我願是千萬條江河/流向唯一的海洋/我願是那月/為你/再一次圓滿

 寫作步驟 121

這個題目可以先依單題寫法,由造詞開始尋找材料。

其次，因題目已要求加入「十八歲的志願」，所以，寫作者的志願成了一定要的題旨。

一個題目可以見得個人的理想及價值觀時，其實就是一個自我形象建立的題目。蔣勳之作品，闡釋著「發揮生命」的特色，那你們呢？

夢想可具體，可抽象，但若具體到只是考上台大，或是當科學家，不免顯得狹猥；比如目標在當科學家，跟目標在當「值得尊敬的人」，自有其價值的高低。找出你的具體夢想，再找出這個夢想的最大抽象價值。然後將這具象與抽象做完整連接，這篇文章的元素就齊備了。

願

陳履安

願望是漫漫黑夜中令我們靜默等待的朝陽，只是為了再一次沐浴在陽光下，只是為了再一次撫觸光耀的風景，在明亮的日光中梳洗落日之前的記憶，以待跌入黑夜時，我們還能擁有願望。

面對著第一千零一個窗外，我安靜地思考我所擁有的一切，然而無聲。十八年的時光稱不上短暫，我卻貧乏得如霧雨中的山間小村，只能看見腳底的石板路和頂上的光。曾經有過的夢想都已捲入浪潮，如今已漂流得太遠，連殘骸都難以打撈，偶有停靠岸頭的片段，卻又被我無情漠視。我曾經以為願望是旭日的天界燈塔，但無力承擔燈塔之下最為黑暗

的時刻。

　　我現有的願望來自一次等待日出的體驗，當視線在荒原上飛奔那一刻，我才想到地平線之後的世界是我無法理解的龐大。於是，我希望成為歷史宏大的流域中的一片枯葉，即使僅有短促的航程，然而，在我甚至尚未準備好掉落之前，能多吸收一點養分，使航程精彩一些。我願是一片平凡的落葉，在樹梢長久掙扎，只為了有短暫的漂泊。

　　我願擁有無比的勇氣，嘗試我的人生。我想要活出自己，不要活在別人雕塑的手中。我願一試：拋開文憑，避開康莊大道。我的魂被禁錮了十八年——解放，是我唯一的夢想，我的魂不願被規格化——叛逆，是我第十八對基因。

　　這一次，我不再漠然望向窗外，在不久之後，我還有許多地方要走，在山中，在雨中，在詩中，這是一段身與心靈的旅行。

範文解析 ✏

　　　營造一個窗前等待旭日的場景，首尾相合。遣詞造句具美感，且象徵意味十足：生命短暫何嘗不似枯葉？在倒數第二段中，寫出自己不受社會禁錮的願望，可以鋪墊出最後一段不再漠然的情緒。

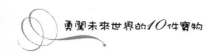

成功高中高三90學年度課堂習作

　　在這個社會中，我們常常可以發現：有人能捨能得，有人則汲汲於利；有人嚮慕風月自然，有人則珍視人間至情，而態度所有如此之異同，肇始於個人對「財富」一詞有不同的體認，因而各有其處世之價值觀。請以「真實的財富」為題，抒發己見。（文長不限，段落宜分明）

　　在臨場作文時，突然面對一生「價值觀」的取捨，難度頗高。這類題目的「財富」世俗想法是金錢，而用了「真實的」表示是不會像金錢一般失去的事物，故而有價的事物便不宜入題。

　　那麼，無價且不易失去的，又全是抽象的物品，所以，千萬要以具象的事與物來呈現，不然，全文難免太過空泛。

範　例

真實的財富

劉翁銘

　　愛戀財富是人的天性。就連孔子也承認君子是求之有道的愛財者。然而，人們卻往往為了錢財背棄道義。冉求曾為季孫氏斂財遭孔子大加撻伐；唐太宗玄武門弒兄除了為了地位，也是為了天下財富。種種史實，讓人看清了人對錢財汲汲營營的醜態。也不禁讓人唏噓——人為何總是刻意追求求不到的事物，甚至不擇手段。

　　然而，人活著就只為了鈔票銅板嗎？「君子食無求飽，居無求安，就有道而正焉」；「不義而富且貴，於我如浮雲」，似乎我們的至聖先師不認為求財乃人生第一要務。孟子相信君子「不可貨取」，也不把金銀珠寶視為人生第一目標；這些既不上等也不珍貴之物，我們又何以稱之為「財富」呢？

　　「捨身取義」、「殺身成仁」，在孔孟思想中，仁義被看得比性命還重要，錢財如浮雲，仁義卻重於生命。所謂真正的財富不就顯而易見嗎？鄭伯本著仁愛之心，肉袒牽羊以逆，終得保全國土；六國相互背信，各國國君不思己危，相互陷害，最後一一被滅。誰能說仁義道德無用？

　　仁義才是天下真正的財富。

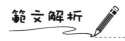

範文解析

> 　　在這個時代談仁義之重要，便有如老夫子說笑般與眾人不同，也因不同，自然能夠吸得目光。全文取材融合文教所學，運用頗能得心應手。

>>>>> 題目 *8*

成功高中99學年度高一上學期第一次期中考作文

　　欣賞左側列圖畫，書寫出個人對本幅畫作的心得感想，內容不可為評論本幅作品的畫風或繪畫優劣。

　　文體記敘、抒情、論說不拘，唯不得以詩歌形式呈現。文章必須分段，結構必須完整。

　　【注意】文長三百字以上，需自行命題。

寫作步驟 *121*

　　任何試題必須先審題。以本題而言，同學們必須注意的是，寫「心得感想」，不涉入畫風及繪畫優劣。大致

而言，同學們都能注意到這個規定，至於字數，也都能符合。

談到「感想」，固然很個人，但是畫作必然有一個大多數人看到的主題，如本篇，即是「夢想」。有些同學看到了「重視環保」，有些同學則看到「沒結局的愛情」，在大考中，可能會被判成「偏離主題」，十分危險。

本題，先有一個中心主旨之後，接著便是如何找出素材。（多數同學寫論說文，要知，論說文除了「論點」之外，更需要論據，才能活化主題，否則，難免流於說教。同學們找到的論據，多少與國中課程有關，不論是萊特兄弟，或是打籃球的大帝，這種素材，就難脫穎而出，但，仍勝過「沒有論據」。如果實在沒有什麼例子可用，把自己寫進文章中又何妨，那將是獨一無二的例子呢！

範　例

一花一世界　　　　　　　　　王若宇

人跟這世界萬物相比，很渺小；跟宇宙的永恆相比，生命很短暫，但我們可以趁著有生之年，活出自己生命的光彩。

蜻蜓不知道什麼是一週，青蛙不曉得什麼叫一年，牠們的生命如此短暫，蜻蜓卻能飛出自己的一片天，青蛙卻能鳴出自己的宇宙。人也一樣，終有一死，有人可以努力活出自己，像項羽事蹟流傳千古，司馬遷《史記》永留紀錄。花兒

雖小，卻能吸取天地精華，怒放生命，榮耀整個花期。

我沒有項羽的**拔山之力**，沒有司馬遷**寫史之筆**，但我可以用我的人生，綻放屬於自己的光輝，創造**足堪自豪**的世界。

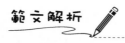
範文解析

> 以人生命的短暫渺小起筆，終結於創造自我。生命本即如此，如果只看負面，動能如何湧出？只有正向面對，才是對自己負責的表現。黑體字為另加之詞，所謂的「造語精巧」，其實可以從簡單的形容詞做起。

▶▶▶▶ 題目 9

89年台北市聯合模擬考作文題：無價之寶

寫作步驟 121

說明文能否讓人信服，說明文必須說明事理，因而對主題的**定義界說**，必須明確，免得給人概念模糊的感覺。文章是否能夠說服他人，關鍵在於對「主題」的說明是否詳實，所以「主題」所在的**中心思想**必須確立。

比如〈無價之寶〉這個題目，可以寫「多數人認同的

無價之寶」、「個人認同的無價之寶」、「說明這些寶物因何無價」，看自己想從哪個方向著手皆可，就怕說了個歪理，或是多頭馬車，前後矛盾，都是毛病。

「道理」不能空口胡說，可得有充分**證據**，因此必須有「事實」為證。「事實」除了社會現狀、歷代史實之外，你生活的點滴、與題旨有關的小故事、名人聖哲的金玉良言、中外古今的格言詩歌都可以是使用的材料。

再不然，可以將使用的素材多些**生動的描寫**，也可以為文章加些力量，再準備幾個**生動的比喻**也是具體的手法，除了令人了解，便能讓人驚佩作者思路的巧妙。

範 例

無價之寶 丁浩偉

故宮的古中國文物是無價之寶；羅浮宮、大英博物館、紐約大都會博覽會的世界各地文物也是無價之寶；在英國人眼中，莎士比亞的文學也是無價之寶，他們願意少了殖民地印度，也不願失去莎士比亞。

所謂「無價之寶」，顧名思義就是不能用金錢衡量，是無上的、至高的。首先，我認為「健康」是首要的無價之寶，因為健康是一切成功，甚至享福的基石；如果一個人在某方面很有成就，卻因而失去健康，無福消受自己的成就，這還是一種失敗的人生。所以「健康」是重要的無價之寶。

其次，「心的安適」也是無價之寶。現今功利主義充

斥，許多人被名利蒙蔽，被名利牽著鼻子走，使他們即使獲得物質，卻喪失內心的安寧平靜，使他們疑神疑鬼、怕東怕西。有一位大臣曾問過乾隆皇：「為什麼你總在傷害最親近的人呢？」為什麼？因為乾隆怕他的兄弟跟他搶皇位，怕他的大臣功高震主。處在高位依然生活在畏懼惶恐中，這種生活，有什麼用？所以，「心的安適」也是重要的無價之寶。

　　人的無價之寶，端看個人的需要而定。然而，不論是你是我，「健康」與「心的安適」絕對不可以或缺。哈佛校訓說：「人不能選擇他自然的故鄉，能選擇他心靈的故鄉。」把故鄉定在無價之寶之鄉，便有享不完的福利及受無竭的喜樂了。

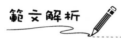

範文解析

　　全文例舉二項「無價之寶」，此類寫法安全，然也易予人輕描淡寫之疵，宜於取材中多用言例事例，以求充實。有例有論，文章表現不俗。尤其事取清朝、言擇西洋，更可見得平日之關懷領域。

▶▶▶▶ 題目 10

99-1 台北市學測聯合模擬考

　　龍應台在〈不相信〉文中寫道：「二十歲之前相信的很多東西，後來一件一件變成不相信……二十歲之前相信

的很多東西，有些其實到今天還相信……那麼，有沒有什麼，是我二十歲以前不相信的，現在卻信了呢？」

　　請選定一件不管你過去相不相信，現在卻深信不疑的事物、道理作為材料，以「相信」為題，寫作語體文一篇。

寫作步驟

　　龍應台文字的相信與不相信，似乎引導著學子思考著，有些事情經過年歲增長之後，會有全新的體悟。以這個問題問著十七八歲的學子，恐怕要有相仿的「體悟」必定有難度。學子的過去與現在，相距並不長，要有很大的改變，也不容易。所以，同學們不必執著於「昔今之變化」，就直陳自己「深信不疑」的事物或道理即可。所表述的取材，並不會因為大小或想法有高低的評判，因而，這類文章應該朝完整結構，詳略合宜的內容，以及優雅語句出發。

範　例

相信
王品翔

　　我相信人性！

　　「人類是萬物之靈，是神子。」人類的確是萬物之靈，

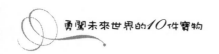

是智慧的結晶，是僅次於神⋯⋯在人類的視野中。

　　人類，一個僅兩百萬年的物種，在地球上迅速壯大，建立各門學說，自認將宇宙玩弄於股掌之間。而神，人類心靈寄託，原本是以大愛化浴眾生的祂，竟成了人類行使罪惡的靠山，人類對神的任意曲解、對世界的隨便曲解、對自己的胡亂曲解，終於使人類成為邪惡的化身而渾不自知。

　　人類的錯誤觀念造出人類的種種罪惡──淫賤詐姦妄姦⋯⋯，可謂罄竹難書，我們將這些行為稱為「獸性」，且思一陣，「獸」何來淫詐等性？我們將最好的定義黏貼在人類身上，最低賤下流的定義塞給無辜的禽獸。造成無限罪惡的源頭，是我們的「私心」。

　　人類有了私心，就認為宇宙萬物皆為己有，非人類的生物都當成所有物，四處販運；擅自將神擬為自己，濫用神的名義到處燒殺刦掠；為了一己之私，大肆濫捕蟲魚鳥獸，常顧自己性命，卻不顧別物種大規模滅族。人類的自私邪惡，如黑洞般，瘋狂搶奪，永不滿足，如果人性不惡，何來各式物質享受？人性不惡，何來各方糾紛惡鬥？

　　孟子說人性是善，終究是理想，二千多年前，物資缺乏，無法顯現人的本性，加上孟子的理想，促成了他的良善天下；而荀子較能觀察真實的層面。儘管，我期望自己有如龍應台般的際遇，能在廿歲之後，將相信與不相信做出翻轉的變動，此刻當下，我相信人性，是邪惡的。

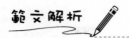

範文解析

　　描述極具個人見解。乍看題目，似乎是導引著「人性為善」，然而文中卻是「我相信人性是邪惡的」為主旨，驚悚程度極高。然而，所言並非子虛烏有，人類的批判也的確屬實。文末以「期望改變觀點」，多少有「期望性善」來臨的的夢幻，給予文章一些光明收束。

寶物四

訓練絕地武士

前言

　　人生的路途中，有時必須攀爬高山，有時涉渡深溪，不想停滯的人，就必須接受眼前的磨鍊，必須奮鬥著走向自己夢想中的那個優勝美地。

　　有壓力處才有成長，有逆境來臨更可得磨鍊，如同鋼需要鍛鍊，玉需要磨琢一樣。人要成材，也需要長時間的訓練及奮鬥。在成為武林高手之前，蹲馬步十年是必要的；在成為網球名將之前，正手拍、反手拍每天練個一千次是必要的。重複，從表面上看來，是一種既單調又無聊的動作，卻是所有成功必經的路程。沒有重複挖掘的動作，金礦怎麼會出土？沒有重複思考的習慣，智慧又如何靈光一閃？每個成功，都需要不斷的磨、不斷練，不斷的奮鬥。

　　而在努力再努力之後，或許成功會降臨，但這也未必是永恆。王建民遠赴美國投身大聯盟，被台灣人視為台灣之光，後來因為肩傷無法上場，落得被轉售至其他隊伍的命運。而在2011年，他重立於大聯盟球場，重新開始戰役。當他在逆境之中，他仍舊持續自我訓練，持續復健，持續對未來有信心。

　　「洛基」電影值得人一看再看，續集一續再續的某一個理由應該是劇中傳遞出的這項信息：主角其實並不在乎自己是否打得贏，他關注的焦點是自己不可以被擊倒。他

說：「重點不在你出擊的力道有多大，而是在於你能夠承受多麼沈重的打擊，還能繼續向前邁進。」

中文的「逼」這個字，是長了腳的「一口田」。「一口田」旁邊如果加上神的保佑，就成了「福」這個字。「一口田」上面如果加個屋頂，表示有房有田，是「富」這個字。而要富，要福，仍然需要有行動，讓這「一口田」長了腳，努力行動，積極進取，最後，必能得到那「一口田」。

文學上價值最高的，是貶謫文學，因為最高的成就與最完美的人格，來自於最深沉的挫折。古今讀書人三元及第的人不少，但能名留青史的有幾人？反倒是謫居窮鄉的文士，在挫敗中找到自我，越過了挫折的的浪潮，提昇了生命的價值。簡媜曾言：「大自然能夠亙古保有這般平衡，必然有其殘忍的淘汰方式和準則。」世上的萬物都必須有面對逆境的勇氣和承擔。如果沒有寒冷絕望的冬日，我們又怎會去珍惜百花繁盛的春天呢？

生命是要磨鍊的，未磨鍊的生命既虛浮且無知，只追求安樂而一味趨吉避凶的功利取向，將錯過洗練生命的機會。拜倫曾說：「逆境是通往真理的第一條道路。」在逆境之中，人們接受試煉，為自己走出更寬廣、更有深厚智慧的生命。

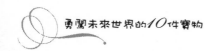

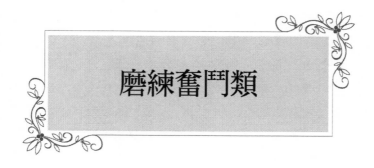

磨練奮鬥類

題目 1

98學測作文—逆境

人生有如一條長遠的旅途,其間有寬廣平坦的順境,也有崎嶇坎坷的逆境。

你曾經遭遇到什麼樣的逆境?你如何面對逆境,克服逆境? 請以「逆境」為題,寫一篇文章,可以記敘、論說或抒情,文長不限。

寫作步驟 121

任何題目,動筆之前,一定要仔細注意題目要求。本篇的題目要寫出「個人曾經遭遇到的逆境」,說明「個人如何面對逆境,克服逆境」,也是必須由自己的經歷出發。「遭遇什麼逆境」需以敘事手法書寫,闡明「遭遇逆

境的心情」則要有抒情意味，解說「如何面對及克服」便是論說層面。這類題目必須做多層次的表達能力，才能脫穎而出。

逆境

楊旻翰

漫漫人生數十載，總有許多高低起伏。就像天氣圖一樣，充滿了高氣壓和低氣壓，才造就了如此千變萬化的天氣。我們的生活也是如此，在高潮和低潮的排列組合下，使得短暫的生命更耐人尋味，值得人再三的回憶與玩味。

逆境就是人生最不可或缺的元素，有人告訴過我：「經歷過風寒與霜凍的蘋果樹，往往能在隔年結出最甜美的果實。」每一次的逆境、每一次的跌倒，都是一次成長的機會，倘若我們能從中獲取經驗，這就是我們的勝利，是克服了困境的證明。在這遙遠且看不見終點的人生旅程，面對許多種無法預測的未來，迎接許多種突發的困境與意外，唯有克服這一切，才能使我們更有勇氣往下航行。去年美國職棒大聯盟球季，雖然缺少了王建民，但道奇隊左投手郭泓志大放異彩，不僅成為第一位在聯盟冠軍賽出賽的臺灣選手，更得到了最佳布局投手的殊榮。但在成功的背後，他也克服了許多逆境、許多的手術及數不清的復健，才換得了今日的榮耀。

國二升國三的暑假，我因為一時的貪玩，而造成了左

腳的骨折。當時在感到一陣昏天暗地後，痛苦便從左腳蔓延開來，好不痛苦。數個月過後，骨頭逐漸地癒合，為了能恢復受傷前的健步如飛，我開始接受了復健等一系列物理治療。復健之路何其漫長，一次又一次重複單調的動作，抬腿四十五度一百次，九十度兩次，爾後再重複；直立跳躍五十次，再五十次，再五十次。每每復健結束，我已癱軟在地上無法動彈，離開復健室的自己，並無明顯成長，再加上小腿不時的疼痛，那段日子一股難以消除的焦慮感，幾乎讓我每週都重現著放棄的念頭。我強迫自己在念頭響起時，翻開自己寫在小學畢業紀念冊上的豪言壯語：「要站在洋基球場上投球！」恢復自己健康不只為了能像一般人一樣走或跑，我自己的夢想需要更強的體能。這種對未來的渴望，使我一次又一次克服瓶頸，繼續努力。

曾國藩有言：「吾生平之長進，全在受挫、受辱之時。」我們無法選擇命運，無法逃避那些將來到的逆境，唯有超越、克服它，才能使我們更進步。當我們挺過這一切站在山之巔、海之濱時，就是一代大英雄。

範文解析

> 　　首段釋題之後，先以名人的奮鬥為例，次以個人的磨鍊與挫折為例，最終收束於曾國藩之言論。己例的詳實，予人「真實生活」的肯定；他例的說明，予人「認真觀察」的肯定。這是一篇攻守俱佳的作品。

98學測作文題

請綜合下列的兩個事例，提出你的看法。文長限250字～300字。

（一）蘇麗文在北京奧運跆拳道銅牌爭奪賽中，強忍左膝受傷之痛，十一次倒下仍奮戰到底，令全場動容。回國後，數所大學爭取她擔任教職。

（二）邱淑容參加法國18天超級馬拉松賽，途中腳底破皮受傷，仍堅持跑完全程。送醫後，因細菌感染引發敗血症，右腳截肢，左腳腳趾摘除。

本題所給的素材正反例子都是「運動競賽」範疇，主題皆與「堅持到底」有關。所以，同學們只需要對此題有看法即可。選擇認同堅持到底的，可以提出「使命感重於生命」的看法，重視堅持的毅力；選擇適時放棄的，則可以論述「堅持是否有意義」──留著下一次的機會，反對孤注一擲，玉石俱焚。然而，看法不論持贊成堅持或選擇放棄，均需言之有物，持之有故，觀點前後一致。同時，書寫「看法」也有書寫的層次差距。如果素材只有泛論，難免失之空泛，在短文中，取材愈豐富，愈能彰顯主題。

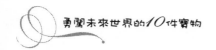

範　例

馮啟瑞

　　人之所以能成功，達成他的目標，都是因為堅持到最後而獲得的。例如西漢的司馬遷，雖然被施以宮刑，但為了自己的目標：完成《史記》，仍舊堅持到底，而最後終於編纂出偉大的史書。又好比林義傑，不畏懼極端的環境，堅持自己的理想到底，而跑完了撒哈拉沙漠。由此看來，不論古今，能夠完成理想，都是源自於堅持到底而來的。然而，總是會有竭盡自己全力卻無法順利完成目標的人，像蘇麗文、邱淑容等人。但她們仍舊堅持到底，不僅贏得了眾人的敬重以及掌聲，而且不會在往後後悔自己當初為何沒有盡力。因此我認為要達成自己的目標、理想，就應堅持到最後一刻，正所謂「鍥而不舍，金石可鏤」，只要堅持到底，成功指日可待。

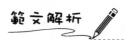
範文解析

　　本篇只把握「堅持」的主旨而寫，未對蘇邱兩人加以批判，算是避開兩例最難的衝突之點。短文中有看法，有事例；例證有古有今，皆可見得作者認真生活的態度。

 題目 3

96年成功高中高三作文比賽

「你到底在緊張些什麼？」緊張，怎麼可能不緊張。我們活在一個幾乎隨時備戰的年代，「萬事莫如防空急」，在防空洞滿街的那些年，整個社會瀰漫著「匪諜就在你身邊」。而那時，我們的父母師長管教孩子，如軍營管教士兵。一個命令一個動作，教你東不敢朝西，叫你西也不能往東。怪的是那年頭的孩子也沒聽說得什麼憂鬱症、躁鬱症，更別說精神分裂。

從那個「緊張」年代走過來的孩子如今垂垂老矣，我們如今活在一個必須面對孩子們一點也「不緊張」的世界裡。是的，凡事不緊張，年輕人說：有什麼好緊張的呢？

我的孩子不緊張，我孩子的孩子更不緊張。緊張的老年人面對的是不緊張的一代。現在大多數年輕人都是 Mr. Wait。是的，「等待先生」凡事總是先等一下。

緊張到變成「緊張大師」的那個年代過去了。做人當然不要太緊張，緊張的人容易得心臟病。可一個過分放縱自己，凡事從不緊張的人，碰到特殊的狀況，毫無應變能力，任誰看了都會緊張起來，只有我們的「等待先生」仍然毫不緊張。

【節錄自：隱地《不緊張》一文】

請根據以上文章給你的啟示，<u>從個人的經驗出發，寫成 500 字以上的文章。題目自訂，必須分段。</u>

寫作步驟 12 1

　　引導寫作的作文，首先必須看完後有一個主要感想，再由感想立主旨，然後再由主旨找素材。千萬不要把自己想到的全寫出來，如此一來，可能沒了主旨，也沒有分數。

　　任何文章都應以結構為重，大考閱卷老師未必有時間錙銖必較於字數，反倒是如果結構不完整，分數必定很低，因為有同學為了湊字數，硬加上不必要的東西，反而破壞結構，自找苦吃。結構以四至五段為最佳，千萬不要使用網路文學的細瑣分段方法，那好像一個一個的書籤一樣，彼此的連結性不足。

　　取材部分，要注意，題目規定要有「個人經驗」，那麼沒有這一向度的內容，頂多Ｂ。至於批判與責備的素材屬於負面素材，不要通篇皆是；也儘量不要放在結尾。十七八歲，陽光一點。有些同學通篇只詳寫一個故事，力量太單薄，切題，但是難深入，所以必定要有說理的層面。

範　例

生命中的緊張　　　　　　　　張世杰

　　壓力會帶來緊張，而緊張會帶領人們走上不同的人生道

路。有人認為緊張是生活中的燃料，人生中的礁石，沒有它就失去向前的動力，激不起生命中最美的浪花；而有人認為緊張是生命中的怪獸，就是它奪走了人生中美麗的泡泡，劃破了用彩虹織成的夢想。

在我的人生經驗中，緊張扮演過許多角色，緊張曾經在我生命中扮演帶給我能量，讓我飛向天際的燃料。在我國小六年級時，曾經參加鋼琴比賽，坐在會場中，看到其他選手優異的表現，穩健的台風，使我心中那股緊張勢爆發，但到了最後，在自己對自己心理建設完成之後，靠著自信心，我成功地駕馭這股能量，讓我奪下佳績。然而，緊張這股能量有時也是近乎無法駕馭的。在一個多月前的北聯合模擬考中，緊張使我失去了方向和答題的節奏，尤其是國文這科，看似不多的題目，卻讓我陷入其中而無法推近，至今只記得接到考卷那隻顫抖的手和不停快速在手中轉動的筆。緊張這股能量，如同怪獸般，劃破了拿高分的夢想和希望。

「生於憂患，死於安樂」，從古老的歷史當中，我們看見了許多王朝皆是在最亂之時立國，它們的開國君王在天下大亂時建立霸業，然而在時局安定後，他們子孫沉浸於安樂而忘了先人胼手胝足打天下的事，不知發憤治國，終至亡國。在現代社會中，遇到緊張的事物是不可逃避的，但我們也不該讓緊張主宰了我們生活或是吹熄了向夢想的那把火。緊張這股狂風不知何時會吹向我們；而我們不該設想自己會遇到何種風，就如同西方俗語所說：「當我順風，我可以航行；但當我逆風，我卻不可飛行。」只要做好萬全準備，緊張就是領我們邁向夢想的助力。

　　很多人認為事情還未發生，所以一定有時間去準備，但誰能保證事情沒有轉變？我們的人生前方，有一個又一個的未知數，沒人能確知下一秒什麼會發生。我們不必怕危機，只怕危機到來時，我們束手無策。

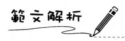

> 　　由正反兩方談論緊張的利與弊，全文結構允當。過度緊張或過度不緊張都不是合宜的態度，故本文收束於「只求做到萬全準備」，使得層次能更見提昇。至於舉例部分，親身的舉例較為詳寫，史例厚重，點到為止，既可符合題目，又不至於離開題目「生活」之限定。

89年台北區公立高中第二學期第三次聯合模擬考題

　　說明：在人生道路上，存在著各種壓力，每個人面對它的反應都不同，你如何看待它們呢？請以「壓力」為主題，自擬題目，寫一篇四百字以上的文章，抒發你的領略及看法。

寫作步驟 *121*

　　這是一種限題作文，因而，只要是自選定的題目發揮的文字皆為切題文字。同學作文之時，便需要對文句多些修飾，以期在相同取材的文章之中，脫穎而出。

　　千萬要注意，不要無法控制地寫成衛生署枯燥的宣導政令；當然也不要將個人生活寫得極為悲苦，不夠陽光。至於以「聯考」作為主要的引證的文章，多少會讓人判定了你的心胸只蚓結在這個小哉問的議題之上，不夠開闊，不夠宏觀。

範　例

人生的試金石　　　　　　　　　　蔡凱恩

　　在現今時代中，它是人人肩上的重擔，有的人因為它而進步，也有的人因它而失足。但更確實的說法應該是：它是人類生存下去的原動力也是人種進步的來源。因為它能激發人一切潛在能力，能推動人更上一層樓。它已是人類演進不可或缺的元素，它是壓力。

　　在我們一出生，即背負著各種的責任與壓力。在孩提時，要做一個人見人愛的乖寶寶；在學生時，要努力用功念書；在為人父母時，要擔負孩子一切事物，……，恐怕只有在我們離開這個世界時，才感到一絲的輕鬆。難怪佛家語中有句：「人生在世，煩惱多苦，解脫為樂。」但是去除了所

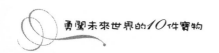

有壓力就是好嗎？真的是解脫嗎？我心中吶喊著：我不認為。

　　桌球國手蔣彭龍在世界桌球錦標賽中得到了銅牌，但是我們可知道他在隊友一一被淘汰後，只剩下他一個人的壓力嗎？那恐怕是千斤萬擔的重啊！因為有壓力，他格外的賣力、出奇的謹慎，因為有壓力，他才能衍生出那種「打不死的蟑螂」那般的意志。這些正是他成功的原因。如果韓信不背負胯下之辱的壓力、如果越王句踐不背負亡國之恥的壓力、如果　國父不背負成千上萬中國人自由的壓力，他們不會創造出留名青史的功業。

　　鑽石，在任何光線的折射下，都能熠熠華亮，原本只是石墨的它，經過地殼巨大的壓力，成就了這個舉世讚美的珍寶！希特勒名震歐洲，但無力面對失敗而自戕；羅斯福總統在經濟一蹶不振之時，仍做出英明決策，讓跌落谷底的經濟起死回生。歷史事件過程雖大異其趣，幕後推手始終只有一人——壓力！

　　因而壓力應被視為一種能源。因為有它的存在，生存有了動力、有了方向。人們總在背負各種責任與壓力中成長，這些推動力，確實有助於我們的蛻變。

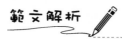範文解析

例證運用詳略得宜，第二段的反面說法，為正面肯定壓力的題材，蓄積相當駁論的空間。

 **題目** 5

96學年度成功高中高三課堂練習

閱讀下列文章後，請以「失敗」為主題，自行命題，書寫一篇主旨明確、結構完善的文章。

淡江大學多元文化與語言學系系主任唐耀棕認為：「失敗的境界有三種，我們可能會陸續為了競爭、成長以及創造而不斷遭遇失敗。古今中外的偉大人物，幾乎都歷經過這三種層次。」

第一部曲：在「競爭」中失敗——認清自己的有限

「一開始我們還不認識自己，對自己缺乏自信，所以往往必須藉由跟別人不斷的競爭，來證明自己的價值。」唐耀棕解釋，此時競爭的動機既是出自於對自己的茫然，一旦遭遇到挫折，我們自然漸漸習慣「以成敗來論英雄」，在失敗當中一次又一次地否定自己。在這種事事跟別人比較的競爭型態下，產生的花朵也只不過是一朵「人造花」，是人為刻意塑造出來的，並不是靈魂內心深處真正的成長。「自信必須來自自己成功的經驗，而不是不斷從別人那裡證明自己的價值。」處處跟別人競爭，想要取得控制他人的權力，其實反而被外在得失牢牢綁住，此時，唯有歷經慘重的失敗，我們才會開始想要掙脫枷鎖，尋找自己的方向。

第二部曲：在「成長」中失敗——探索自身的無限

拋開不知所為何事的「競爭」、掙脫外在得失之後，我們會開始走入「尋找自己」的過程。當然，因為追求成長，

我們仍有可能不斷遭遇失敗，只不過，此時的失敗面貌已經產生質變——我們開始在「成長」當中失敗。

在「重新認識自己」的過程裡，原本一直受限於外在社會的價值觀，開始全面瓦解，我們才發現，原來自己還有許多地方要學習，到了第二種層次的失敗時，我們可能會開始反問自己，當初是怎麼走到這個境地的？我們會試著走出來，然後，發現內心的自我一點一點地顯露出來，開始發覺自己擁有無窮的潛力，能夠成為創造者！失敗的經驗，常常迫使我們激發自我潛能，讓我們驚覺到「原來我比我自己想像的更堅強」，進而更有信心面對往後的挑戰。

第三部曲：在「創造」中失敗——突破生命的界限

陸續跨越失敗的第一、二部曲後，由於從成長中找到自我，因此，我們會開始信任自己的力量與潛能，學習信任他人、與人互助合作。到了這個階段，失敗或是成功，只不過是一場遊戲，只要過程能盡興，就什麼也不害怕。唐耀棕眼神發亮地說：「這時候你會發現，失敗其實就是生命的歷程，失敗就是人生。」唐耀棕說，台灣的父母親必須學會尊重孩子的內在，「沒有人說你數學考不及格，就是你不好。」只有多給予犯錯的機會、讓小孩敢於探索真正的自己，未來他才能在失敗三部曲的重重試煉中，幻化為美麗的鳳凰。**失敗固然有它殘酷的一面，風雨過後，重新省視你的世界，也許你會開始發現煥然一新的美感。**（改寫自《卓越雜誌》謝依嫻報導）

寫作步驟

任何形式的引導寫作，在自己落筆之前，都要先確立「主旨」，比如主題為「失敗」，失敗的定義，失敗的種類，失敗的力量等等都可以是主題，執筆前，先確定「主旨」，才可以開始找素材，否則，素材全跟「主題」有關，但自己的文章沒有「主旨」，仍會顯得蕪亂無章。

在找素材之時，要有一個概念：應考作文最好能跳開「分數」與「考試」的取材，雖然這是你們的生活重心，但是千萬不要只取這個素材，會顯得自己好像很愛分數，沒有什麼人生大方向。

高中生，要有反省力，有下結語的能力，所以，這個題目當然可以詳寫一個自己的例子，但務必有所反省及啟示，否則，沒有起筆結尾的寫法，是國中生的寫法，

範　例

橫逆使人成長　　　　　　　　黃挺昇

翩翩飛舞的蝴蝶在尚未羽化前，本是一隻醜陋、令人作噁的毛毛蟲，但從牠破蛹而出的那刻起，牠有了嶄新的面貌。成長的過程艱辛，但也是人蛻變的轉捩點。

歷史上曾有越王勾踐臥薪嘗膽，最後復興己國的壯舉，如果沒有亡國之恨，如何讓他痛定思痛瞭解自己的不足，進

而讓自己脫胎換骨？在現代，世界首富比爾‧蓋茲也曾在哈佛求學時遇到挫折，但這次的失敗卻帶給他新的體悟，讓他變成一位家喻戶曉的大人物。由上述可知，失敗只是向成功的過客。

在這升學主義盛行的時代，我常在學業上遇到不順遂，因為考試不理想而懷疑自己，但也因此更認清自己想要的是什麼。在自己徬徨無助的情況下，更發現自己的缺失。「山窮水盡疑無路，柳暗花明又一村。」危機可以變成轉機，面對逆境應付之道，取決於一念之間。最重要的是絕不可以低做自己、放棄自己。唯有不斷的充實自己，才能在人生最低潮時，開出一條康莊大道，此時，失敗便將是助力而不是阻力了。

「當天色最暗的時候，才可以看到最美麗的星空。」許多人把失敗視為人生的黑暗期，害怕一旦栽進去就永遠出不來，恐懼一旦掉進去就沒了指引方向的太而極力避免。這些人感受不到柔和的月光，聽不到星子的呢喃。其實，披著夜紗，才能體會自己的有限；尋著星光，才可以找到更正確的方向，在夜晚補充能量，就能靜待下一次的曙光。成功不可能一蹴而幾，明瞭其間的艱辛，效法前人的精神，便可以衝破橫逆使自己邁向更新的里程碑。

失敗是一匹獸，吞噬了許多人彩虹般的夢；失敗也是一把利刃，劃破許多人純真的編織。但失敗更是海底的礁石，少了它，永遠激不起耀眼的浪花。有人逃避失敗，讓未來成為泡影；卻有人不因此畏懼，將生命激盪出美麗的浪花。

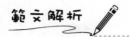

範文解析

> 　　人生最值得投資的是自己。懂得不放棄，便懂得不斷
> 向前躍進。本文物例運用靈活多元，事例運用兼顧古今對
> 比，取材可見用心。

>>>> 題目 6

96-1 台北學測聯合模擬考題目

　　我輩讀書皆無恆，一時火熱一時冷。有時發憤似忘食，
有時心灰如敗兵。巧言道理天花墜，言而不行廢因循。朝喜
暮厭苦多變，想東想西志緒紛。今日有事待明日，喜與惰性
成友人。心貪欲飲大海水，志弱恐無一事成。我有一語勉諸
生，有恆乃為學之門。磨鐵成針非一夕，淘沙尋金須耐尋。
工夫有如大江流，川流不息勢奔騰。為學又如登高山，到達
山巔在堅忍。縱是天才不足奇，心堅如鐵始足珍。人智我愚
且守愚，功可補拙愚可明。不學狡兔逞小慧，要學笨龜步步
行。人生須有志凌雲，誰肯碌碌噉埃塵。人生萬事須嚐膽，
誰能苟且度此生？酣眠美食豈非樂，久閒逸樂生禍因。寶劍
正須烈火煉，長松不畏霜雪侵。囊螢映雪非迂談，勤學不須
分古今。十年寒窗無人問，一舉成名天下聞。種瓜得瓜豆得
豆，皇天豈負苦心人。從今且踐有恆誓，十事九敗不灰心。

　　讀完此詩，請節錄最能勉勵自己的詩句，並闡述其

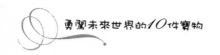

義，讓它陪著你度過難關。

注意：內容必須包括：

1. 節錄之原文，未節錄原文者本題不予計分。

2. 請就節錄之文字說明原因，字數以150字為限。限用白話，不可使用詩歌體。

寫作步驟 121

所引的文字要寫，但沒規定寫在哪兒，所以，「嵌入文中」是最妙的寫法。同時，題目要求「寫原因」，不是寫翻譯，所以，將該文句翻得再精美，沒有個人的想法與原因，都不會得高分。

短文雖然不必分段，但文章仍要有開頭與收束，不可隨便行之。尤其短文寫作最重視「遣詞」與「造句」，只要有嘉句，就有 B ＋以上的好成績，下回，「掰」也要「掰」出一句修辭。

讓同學挑句子的題目，其實暗藏玄機。同學們所挑的句子，往往代表了「你」的真心。挑中「讀書皆無恆」者，多半無恆；挑中「十年寒窗無人問，一舉成名天下聞」者，往往愛名愛利。同學們在挑選之時，切不可以不謹慎。

範例一

李宗諺

　　好逸惡勞乃人之本性。人們往往想付出最好卻嚐到最甜美果實的小慧。此必無之事也。做事貴在腳踏實地，按部就班，紮實地完成每個步驟，一味想著一步登天，即使短期收穫豐碩，長期下來必在時間巨輪下粉身碎骨，所以我以「不學狡兔逞小慧，要學笨龜步步行」為立身依據，相信刻苦耐勞才是成功的不二法門。

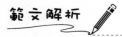
範文解析

> 　　直指人性弱點，並以好逸惡勞必然的惡果為警惕，由此順勢提出所節錄之語的緣由。

範例二

唐晨揚

　　「寶劍正須烈火煉，長松不畏霜雪侵。」身為高三的我們，面對巨大的升學壓力，時時被壓得喘不過氣，每天一早背著沉重的書包出門，夜晚拖著緩慢的步伐回家，日復一日，笑容已從我們臉上消失，多出來的是一道道被額頭擠出的皺紋，被黯淡遮蔽的臉頰。但這一道道歲月的侵蝕，豈不

是我們歷經人生最重要的考驗？一次次迎接新的挑戰，不論成敗，它皆會在我們心上留下烙印，所謂松柏後凋於歲寒，等到寒冬過去，我們也會從歲月的累積中，找到我們的春天。

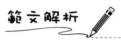

> 以個人生活入文，格外真切。

楊宗翰

「縱是天才不足奇，心堅如鐵始足珍。」耐心事實上是比天分更重要的元素。古今多少聰明人就因為沒有耐心，無法忍苦，半途而廢乃至一事無成！我聽過一句名言：「贏家必須撐到最後一分鐘。」在古今許多偉人身上，我們可以看到除了天分之外的珍物——堅忍。沒有堅忍，哪有改變世界工業的諾貝爾？沒有堅忍，哪有躍進人類移動模式的萊特兄弟？有耐心，才能有成就。

> 即使是短文，也要重視修辭、引用以及例證。

範例四

林詩硯

「有恆乃為學之門。磨鐵成針非一夕,淘沙尋金須耐尋。」在為學這條道路上,路遙且遍佈荊棘。千千萬萬學子走在這泱泱大道,成功卻只屬於少數人,原因無他,在紛擾的環境中,能堅定自我理想者愈來愈少了。這三句詩句,闡述恆心之不易,未來,我將在求學的路途上時時提醒自己的態度,砥礪自己,願成功就在不遠之處。

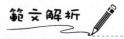

範文解析

把握短文重視「修辭」的特質。

題目 7

93-1 台北學測聯合模擬考題

日本北海道出產一種味道珍奇的鰻魚,活鰻魚的售價更是死鰻魚的兩倍以上,漁夫為了讓捕獲的鰻魚延長生命,就在整艙的鰻魚中放進幾隻鰻魚的死對頭——狗魚,勢單力薄的狗魚遇到成群的對手,便驚慌地在鰻魚堆裡亂竄,這一來反把死氣沈沈的鰻魚給擊活了。另外根據報導,在模擬叢林中豢養的美洲豹,即便叢林中有成群人工

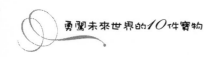

飼養的牛、羊、鹿、兔供其盡情享用，牠卻從不去獵食，整天只待在有空調的房裡，睡了吃，吃了睡，無精打采。但只要放上幾隻狼或豺狗，牠就又恢復雄風，嘯傲馳騁於叢林中。

以上兩則例子一新我們對「對手」的刻板印象，原來對手也有其存在的必要性。在平日生活經驗中想必你對「對手」也有一些自己的體驗和想法，現在請你以「對手」為題，寫一篇文章，文長不限。要抄題，未抄題者扣5分。

透過引導文字，命題已說明一般人對「對手」有刻板印象，也指出對手有存在必要。這便是必須掌握的主要觀點。其次，務必由個人生活經驗找出體材，如此才貼切題目要求。

對手 　　　　　　　　　　　　　　　　羅楷涵

漫長人生的重重關卡，每個人理當背負著義務去闖關。如果關卡具相對門檻，勝利的名額有限，那麼殘酷淘汰賽中，對手往往成為眼中釘，成為邁向成功的絆腳石。因而，

對手往往被歸類於「負面用詞」。

　　有時我想，如果沒有對手，自己不早就安全上壘了？如果沒有對手，自己不早就闖關成功了？然而，真是如此嗎？沒有其他高手的對壘，我會那麼甘願焚膏繼晷累積實力嗎？在人生的賽跑場地上，沒有緊緊尾隨在後的對手壓力，我能鼓奮餘勇，全力以赴嗎？對手的存在，真只為了阻擋去路嗎？還是一種助跑員的身分，讓我發揮潛力，挑戰自我？

　　康熙皇帝在執政六十年時，舉行千叟宴以示慶賀，宴會上康熙第一杯酒敬孝莊太皇太后，感謝太皇太后輔佐他登基；第二杯敬眾位大臣及天下萬民，感謝他們齊心協助，讓天下平治；第三杯酒，他敬吳三桂、鄭經、噶爾丹以及鰲拜。理由是這些敵人逼著他建立豐功偉績。在對手的對抗中，個人的能力真正受磨鍊，被鞭策。

　　不論在對抗的擂台上，我們是否敗陣，敵手的存在，是一種激烈互動，也是一種良性的競爭。對手是我們人生教室中，另類的導師。

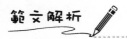

範文解析

　　　本文先反面論述，標示「一般人的刻板印象」，其次再由正面評論，由康熙皇帝的史例，寫出對於「對手」的頌揚。若個人的例子能更詳盡一些，必能更見周延。

91雄女第二次模考─造句寫作

　　創意造句可天馬行空，恣縱變化，故最能激發思維，表現意想不到的創意。例如「拳頭」、「人頭」可以造出「民主是數『人頭』，不是比『拳頭』」的句子。請任選下列一組：

　　(1)「勇氣」、「運氣」，(2)「驕傲」、「卓越」，(3)「快樂」、「忍耐」

　　依例造一句子，並以所造之句為作文題目，完成一篇完整的文章。(限450～500字)

　　注意：1. 依題目要求自行命題。

　　　　　2. 文白話不拘但須加新式標點符號。

　　　　　3. 不得以詩歌或書信方式寫作，違者不予計分。

　　先造句為題，再書寫作文，那麼，自己所造的句子變得很重要。

　　其次，這個題目每一個句子都包含兩組相關或相反的詞，一旦造了句，詞彙就有了相連性，全篇文章便必須詮釋兩個的關聯性，絕對不可以只寫其一不寫其二。

而後便可依主旨書寫論點及論據賅具的文章了。

忍耐一瞬間，快樂一世間　　　　楊旻翰

有人說：「忍一時風平浪靜，退一步海闊天空。」這個混沌不明的世間，不免遇到別人惡言相向，面對他人動作行為的羞辱，有人選擇立即反擊，以行動來表示自己不滿；有人選擇忍住這口氣，換來未來更大的勝算與贏面。

歷史上有許多古人忍耐一時而造就豐功偉業。司馬遷為了完成父業，忍受奇恥大辱的宮刑，完成中國史上第一部紀傳體史書，其功名永留後世子孫傳誦。越王句踐臥薪嘗膽、韓信忍胯下之辱、張良為老人撿鞋，縱使他們當下有千千萬萬個不願意，痛如刀割，忿如火焚，但他們忍下來，名留青史。

廣達電董事長林百里先生在創業第五年，接到一筆訂單，他立即飛到美國展示他的產品，但那個美國人不但遲到，還將產品摔在地上，林先生縱使氣忿，仍選微笑地彎下腰撿起產品，平和地說：「這產品品質很好，即使摔了依舊能使用」，廣達電至今仍是台灣科技工業龍頭之一。

曾國藩曾說：「吾生平之長進，全在受挫、受辱之時。」一時的退讓，不是失敗，是為了換取成功的準備。忍耐一瞬間，快樂一世間。

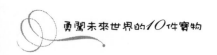

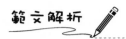範文解析

> 　　以「忍耐能換得的快樂」為主題，取材皆能因此闡發。取例古今皆俱，詳略兼備。第三段之例，若能加上評斷，必更佳。

範例二

成功靠勇氣，無法憑運氣　　　王浥璋

　　在南極周圍海域的某處，正上演著一齣驚心動魄的生存追戰，一隻虎鯨以雷霆之勢追殺著一隻海豹，千鈞一之際，幸運女神站在海豹身旁──一片沙質海岸即時出現，心想逃過一劫的海豹，愉快地躍上岸，鬆一口氣地向前蠕動。碰！一陣巨大的浪花拍上，那隻勇敢的虎鯨上岸，成功地將自以為幸運的海豹，轉換成虎鯨繼續生存的能量。

　　一場生存競賽，隱含著微妙的真理──成功來自勇氣，而非全憑運氣；在現今社會中，即使不像自然戰場那麼殘酷，非生即死，但卻也不能否認這真理的存在。蕭伯納，一個有名的音樂家，曾是一名默默無名的樂團副指揮，在一次指揮因故無法到場的公演，他於是有機會上台，演奏結束後，蕭伯納聲名大噪，是他運氣好？還是他早已準備好，才有足夠的勇氣能臨時上陣，準備好，才能讓他從此鹹魚翻身？

　　「風水輪流轉」，要成功？運氣肯定是靠不住的，唯有不

斷的充實自己，讓自己擁有足夠的勇氣去克服困難，成功自然不請自來了。

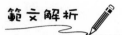

範文解析

> 詮釋「運氣不足恃，勇氣靠準備」。主題明確，例舉有趣。

>>>> 題目 *9*

99 台北市成功高中高一下學期　第一次期中考作文題

「文如其人」說的是，在文章間總能發現作者對生命的詮釋與態度，如：孔子以「仁」來闡釋他對生命的理解；范仲淹以「先憂後樂」作為自己安身立命的所在；諸葛亮以「鞠躬盡瘁」詮釋「忠」的意義；陶淵明以「心遠地自偏」來表達他悠然自得的生命態度……。

有朝一日，你將會邁入自主獨立的人生階段，你會以何種生命態度去面對你未來的人生？請以「我的生命態度」為題，說明你選擇以什麼做為可以實踐一生的態度。請抄題，文長約四百字，需首尾完整。

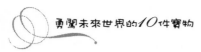

寫作步驟 121

　　根據題目書寫，在這一篇文章中，同學必須寫出自己如何面對未來人生的一個態度。同時，題目既然是「我的」，那麼就請以自己為主體，舉例不要只有他人，立場解說也不要只在「要求別人」。

　　這篇文章中，同學們犯的最大錯誤在於誤解「態度」的定義。態度是一個人的樣貌舉止或一個人的主張或立場。所以，「你要出人頭地」不是態度，那是目標理想，如何讓你出人頭地的作法及行為，才是態度。

　　其次，個人抱持的態度應該用簡捷文句點出，如以「做自己想做的事，並堅持到底」，其實只用「堅持」或「永不放棄」便可以。至於寫太多種態度，反而讓文氣渙散，不如詳實記載一個態度來得好。再者，與這個態度無關的往昔及惶恐，都是蕪蔓的枝節，千萬不要寫入。同學們寫到個人生活時，似乎很難避開與考試有關或與第一名有關的話題，如此寫來，難免狹猛。

　　最後，這篇文章應是一篇「說明文」，所以，明說態度之餘，也要兼顧「論據兼具」的概念，全篇說理，總嫌空泛，要不然，起碼說理文句要精巧一些。

　　比如，用一些修辭方法，讓自己文章給力一些！

我的生命態度　　　　　　　　李岳穎

　　論語有一段話：「居陋巷，人不堪其憂，回也不改其樂。」形容顏回即使在貧賤的環境下，也不會被生存的俗事打擾，仍然一心向學。如此堅定不屈的心志，令人佩服。

　　左丘明在雙眼失明後，仍不屈寫下《國語》；司馬遷慘遭宮刑，也未曾放棄著作《史記》。人生在世，不可能平平順順，當我在生命汪洋遭逢狂風暴雨時，我希望自己能把持一份堅忍不屈的態度，讓我有強大的力氣握緊舵把，以無懼的勇氣拉高風帆，朝人生彼端前進。

　　人生困境中，當我感到失落時，閤上眼，我可以見到孔子周遊列國不得志的蒼涼背影，他的堅定意志不曾挪移；我可以見到孔明五次北代的堅定步伐，他的理想從不動搖。這些古人聖賢遺留的生命態度，總能讓我從黑暗的頹唐中重新站起，重新邁開下一步。我相信，因為曾經腳踏實地努力過，沒有留下「如果當初……」的疑問，即使走至生命盡頭未能達成目標，這種結局仍是一種另類的完美無憾吧！

　　懷著這種堅定的態度，我準備，始終如一的在人生路上行去，不留任何遺憾。

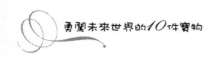

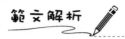

　　由古人有所感悟的生命情懷入手，可稱扣題完備。第三段示現的寫法，令人動容。取材若能多些個人的事例佐證，必更佳。

94年高三段考題──毅力與成功

　　雙項式作文題，必須先找出兩者的關聯，如本題即應是「有毅力即可以成功」的因果關係。其次，自然要找出最具有代表性的「成功事件」，如果是自己的例子當然好，只是學子最多十八歲，所稱的「成功」未必具有代表。他人的例證則要留神詳略相間。也不要忘了記述「事件」之時，千萬要時時與耐心相結合。

毅力與成功　　　　　　　　　　　　　高章原

　　前幾天利用吃消夜的閒暇，看了美國網球公開賽的決賽重播片段，戲碼正是當今的球費德勒碰上網壇長青樹——阿格西。

　　自我小學看網球開始，阿格西就已縱橫球壇，當年曾為他和山普拉斯間的精彩底線抽球歡呼，也曾為他輸了法網冠軍感到惋惜。十年過去，和阿格西同梯的山普拉斯、張德培等好手皆已高掛球鞋，他仍以 35 歲高齡屹立球場。儘管發球後上網的腳步不再迅速，反拍擊球的威力也不若以往。但憑著他多年的經驗，將互相抽球的次數拉長，在一次又一次的抽球當中，找尋對手一點點的小瑕疵，給予痛擊，拿到分數。

　　儘管美網的冠軍賽，阿格西不敵費德勒強力發球而落敗，但他的執著與堅持，仍然搏得了滿堂彩。反觀我國的網球女將謝娜薇，年紀輕輕就和俄國選手莎拉波娃並列最有潛力的網壇女將，但因她與教練的爭執，謝娜薇竟輕易放棄網球，過了兩、三年，莎拉波娃早已高舉大滿貫賽的金盃，謝娜薇又在哪裡呢？阿格西的毅力，讓全世界都看得到！這就是認真活著的最佳典範！

　　花朵在陽光下爭豔綻放，飄散花香。當她只是埋在土中種子時，必須忍耐黑暗吸收養分，當她的嫩芽受盡風吹日曬時，必須不畏疼痛，向上攀竄。最終這花蕾美豔動人，一切

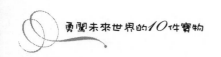
忍受都值得。毅力，是成功必然的佐料，當我忍耐著黑暗，不畏風雨的同時，我在寫著「成功未來書」。

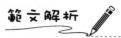
範文解析

> 全文彷彿阿格西傳記般，以他的毅力與成功呼應題目。有關個人的部分若能加多，必更佳。

寶物五

造物者的地圖

前言

　　童稚的小孩，指著物件問：「那是什麼？」每事必問：「為什麼？」這是人類與生俱來的好奇心，這種好奇心同樣也是一種求知欲，使得終身學習成為人類基因血脈中固著的元素。

　　生長在教育普及的當代，除了部分動亂的國家之外，多數國家的孩童都能在七歲左右入學，開始長達十二年甚至十六年的學校教育，乍看，學習輕鬆容易，其實，在古老中國時代，曾有一段貴族才能就學的歲月，直到孔子開啟平民教育的風氣，時代開始大躍進。在古老歐洲，也曾有這種求學的專利時期，一旦教育普及，政經制度也開始大躍進。

　　不論是否有義務教育制度，在校求學的生涯畢竟有終止之時，並非人人都能有幾名好師傅提供隨時請益的管道。日本建築大師安藤忠雄是世界級的日本建築大師，他苦學出身，曾用一年自修唸完東京大學四年建築系的書籍，和學生分享著：今後是一輩子都要學習的生涯學習時代。無論如何，只要好奇仍在，求知欲依舊，世界任何角落，都有人實踐著終身學習。

　　我們所處的世界遼闊無垠：三大洋五大洲、日月星辰、無邊宇宙、奈米分子、一花一葉、過去未來，這些知與不知、詳與不詳的領域，一旦缺少師傅的引領，也唯有

透過閱讀，可以超越時間藩籬，突破空間禁錮。閱讀，是我們深耕生命的重要時光，在左擁過去，右擁未來的書籍中，刺激我們的腦細胞，深入自我，最終必能擺脫自身個性與基因的侷限，脫胎換骨，

　　有些人什麼都想學，也主張人人皆應具備通識能力。李家同教授推廣閱讀多年，他主張要廣泛的閱讀，因為「語文能力也不是靠讀幾篇古文就能培養的，必須靠大量閱讀。西方國家都強迫學生大量閱讀，我國的國文教育則過分地強調精彩文章的重要性。」民初作家蕭乾自稱自己學無根柢，但因在書局工讀，必須到圖書館抄錄名作，他說「我頭腦那時是個大雜燴」，卻也因此領略更高的思想境界。他談及讀得多，讀得廣，像是一個人吃各種副食品（主食指自己經歷的生活），蔬菜、脂肪、澱粉、蛋白，經過消化，產生熱量。

　　有些人則對自己的學習有個人的執著，珍古德十歲時，閱讀修洛夫丁寫的《杜利德醫生的故事》，立下到非洲與動物共處的志願，那本書，型塑珍古德的一生。出身貧困的法拉第在裝釘廠工作時，專心閱讀《化學漫談》，完全忘了天黑應返家，他想成為有學問的人，那本書，型塑法拉第的一生。家境清寒的歐陽脩到李姓鄰居借書，從字紙簍撿起一本《韓愈文集》，他琢磨學習，成為宋代文壇領袖，那本書，型塑歐陽脩的一生。

　　讀書是一個跨時空的聊天室，是一個跨時空的噗浪網，只要我們願意，可以在書中享受貴族生活，可以隨時與蘇格拉底閒聊，可以跟蕭伯納相互嗆聲。縱然，書籍無

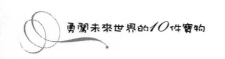

法取代實際經驗，但卻足以擔綱一個審視人性的媒介，看著古往今來的重量級演出，思忖著自己的生命應該如何獲得掌聲。

讀書治學類

95-1 台北指考聯合模擬試題

黃永武說：「讀書像交朋友，時常碰面的就親切，不常碰面的就疏遠。」

陳彥儂說：「讀書像喝杯不加糖的咖啡，起初苦澀之感盪在舌尖，等到滑入喉頭，一股香醇迴盪其中。」

羅珮瑩說：「讀書像種樹，每學一門課就像撒下一粒種子，等待它發芽生根，長出枝幹。你必須三不五時澆澆水，每隔一季修修枝。」

讀了十幾年書的你，認為讀書像什麼呢？請以「讀書像○○」為題，寫一篇短文，闡述你的想法。文長約200字左右。

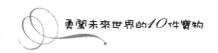

寫作步驟 121

　　同學們讀了十八年的書，對「讀書」這事，喜怒相掺，為什麼？因為把「讀書」窄化成「在學校受教育」。這樣的寫作，不免把自己的立論基點放得太低，所有的寫作，都要盡量把自己的論點放在置高點上，才能看得周全，取材範疇才能壯闊。「讀書」若以「閱讀求知」來論，便是一生有益；若只以「過關斬將的學校教育」，所寫也不過是一個汲汲考大學的高中生的苦辛。大家是為了什麼讀書？因人而異；讓你必須來讀書的黑手何在？至少不是閱卷的老師。不要把對「上學」「考試」的憤怒，發洩在試卷上，意義不大。

　　引文的譬喻，無需注意字數，所以一律只從喻依發揮，但若要文長達到200字，喻體與喻依都要發揮，否則難免失之空洞。所以，請依順序思考如：

　　1.決定譬喻之喻依：

　　　讀書像釀酒

　　2.說明原因：

　　　讀書需要累積才能見成效，一如釀酒無法一時一刻發酵完成。

　　3.決定結論：

　　　累積足夠知識便能成為一個彬彬君子，依時間醞釀，才能夠釀出醇厚美酒。

讀書像航海　　　　　　　　　　蔡旻霖

　　對我而言，讀書就像航海般令我嚮往。在船長室中，我可以拿著地圖，決定下一個目的地，渴望學習與探索；站在甲板上，我可以仰視那整片的藍，從中尋找靈感，發掘平靜；在知識的蒼穹下，俯視水面，我期待著令人驚奇的畫面；吹著海風，我使自己與自然融為一體，如沐春風般，沉浸在知識的領域裡；暴風的到來像考試，咆哮著，向我襲來。我期許自己不被壓力打垮，迎接挑戰，與我的勇氣一起，隨風浪擺蕩，在暴風雨的威嚇下，書海無垠，唯有努力，才可揚起風帆，破浪前進。

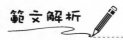

> 　　航海有喜有憂，讀書亦然；喻體喻依連結緊實。全文能依著喻依，說明個人對喻體（讀書）的種種感受。

99-2 台北市學測聯合模擬

> 　　假設你是某大學「愛閱社」的成員，為了推廣閱讀，你回到高中母校進行一場演說，演說中必須向學弟妹們推

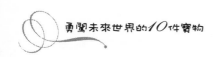
> 薦值得閱讀的好書。請寫出你的演說稿，文長約三百字。

　　※ 寫作說明：演講稿必須寫出你要推薦的書籍二本並敘述推薦的原因。

寫作步驟 121

　　在開始寫作前，請務必詳閱題目。本題要求寫演講稿，這就跟文稿不相同，必須要口語、開頭也需有開場白，更要注意結語的道別或忠告之言。

　　其次，所謂模擬測驗，就要如大考一般，千萬注意不可以寫出「高中校名」、本人姓名，避免洩露身分，否則將以零分計。

　　至於書寫二本書應該用《》或「書名號」標註，較容易識別。本文只有三百字，所以要精簡，書本內容可以簡單帶過，重點在「推薦的原因」，也就是這本書的價值及啟發。

　　最後，任何人所推薦的書可以看出作者的閱讀品味，所以在選擇書目時，不妨以目前較知名、或較具知名度影響力的書籍著手。這似乎也提醒了學子，平日多閱讀，必然可以讓自己的文章內容更有料。民國100年，國家圖書館曾有一份學測狀元的推薦書單，是各位學子很好的指標。

範 例

張以承

　　教科書就像維生素，給予我們應該具備的知識，但是就像人不能只吃維他命過活，課外書籍就是食物，是真正能量的來源。學弟妹們，我今天想跟你們推薦兩本好書：

　　第一本是海明威的《老人與海》，這本書人物很少，場景固定，但若細細品味，會發現作者描寫細膩，尤其老人與鯊魚搏鬥的精神，那股永不放棄的毅力，正是我們年輕人所匱乏的能力。

　　第二本是各位較熟悉的《三國演義》。這本書曾被古人評論不適青少年閱讀，因為城府太深，勾心鬥角。但就運用謀略深思熟慮而言，很適合拿來做大腦思考的練習，尤其眾多英雄氣概、萬夫莫敵的風雲人物，更能激起讀者「有為者亦若是」的豪情。

　　以此兩本書與學弟妹們共勉，期望你們能在高中這三年，活得精彩亮麗，並翻過層巒疊嶂，迎向未來。

範文解析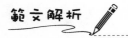

　　本文勝出在於結構完整，既有開端，也有結尾收束的祝福語。所推薦的書籍皆只說明推薦之因，若能加一句全書主題，必可以更為周全。

題目 3

94學年度成功高中高三作文比賽題目

書裡乾坤大，文章寄意長，從小到大，我們的主要
生活就是讀書、讀書、再讀書，結果有些人越來越喜歡讀
書，有些人越來越痛恨讀書，有些人讀書非常被動，甚至
有些麻木不仁。到底讀書給我們的感覺是什麼？請以「讀
書樂」、「讀書苦」或「讀書真乏味」擇一作為命題，並
根據切身經驗寫一篇文情並茂的文章，文長不限。

寫作步驟

在當前的用詞中，「讀書」似乎是受正統教育的代
稱，與「閱讀」不盡相同！完全由閱讀層面書寫的同學，
可能需要多一些解說！批判教育的同學們啊！批判是很容
易的動作，但是建設卻很困難！最好快快為自己的「求學
生活」找一個身心安頓的出口！

範 例

讀書苦 　　　　　　　　　　　　　　　林子翔

我重新抬起頭來，看著書本上如洪水般散亂的負號，

實在不是頂愛，我輕壓了兩下自動鉛筆，發出「叩嘰！叩嘰！」的聲響，在已是一點多的深夜，聽起來格外刺耳。在我好不容易整理完各式各樣的常數後，我的眼皮也撐到了極限。「今天就到這裡！」我想。於是我連滾帶爬地跳進夢中，像難民似的。

這通常就是我一天的收尾，然後隔天六點多起床，又是一天的序曲。我無法否認讀書很辛苦，對現階段的我而言。大人總說長大出社會後，你會覺得讀書是最輕鬆的，我無法辯駁，因那是我從未曾體驗的。

上學、補習、讀書，這是填滿我生活的三樣元素，我不知道目的是什麼，就是不停地「讀書！讀書！讀書！」然後結束一天，彈著以二十四小時為一章的重複樂曲。一成不變的生活，唯一會變的，大概只有書本上的內容吧！要把奇怪的圖文符號整理成所謂有意義的式子，對我而言，那是一件苦差事啊！

在我想來，青澀的國小回憶中，悠閒的生活總是充滿了我喜愛的書籍，優秀作家如光禹、劉墉、村上春樹等都是我仰慕的對象。閱讀是我唯一信仰，若將這些書本從我身邊移去，我的生活便會失去重心。然而，上了國中之後，對書的選擇實在相當偏窄，國立編譯館的課本取代了劉墉在我書架上的地位，《我不是教你詐》一書更是被國文課本排擠到了舊書堆。上高中之後，更是不用說，偶爾一篇清新雋永的課外閱讀便是近似於罪惡般的奢華享受。畢竟，當成績為第一優先目標時，其他事彷彿已非如此重要！

毫無疑問的，書本是種讓人又愛又恨的傳播工具，也正

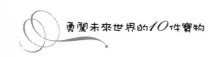

因為現代社會功利主義的學位取向，塑造了一種「閱讀樂，讀書苦」的現象，坊間時常會看到有補習班專業教導速記或速讀，這也令我納悶：為什麼要速讀呢？看一本書壓力真有那麼大嗎？不盡然如此吧！

古人總有「少年不識愁滋味，愛上層樓，愛上層樓，為賦新詞強說愁」的感慨，為了醞釀一篇大作，所費心力之多，所勞心思之苦是難以想像的。人們總要經歷過時間的洗鍊才能使心智更加成熟。我們現在的處境大概也是在「為賦新詞強說愁」吧！或許當我們要上大學，抑或是入社會後，我們才能真正了解「讀書樂」的意境吧！

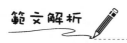 範文解析

> 　　由個人切身經驗的書寫，表現「真切」自然。將「讀書」與「閱讀」切分開來雖不合理，但卻是常見的現象。寫作者能依個人想法，對未來有些「轉苦為樂」的期望，不失一種樂觀的表現。

 範例二

讀書樂

簡廷育

讀書是件令人快樂的事。

自古以來，人們從閱讀中得到知識，得到創作的元素，得到與古人交友的機會！當年李清照夫婦可以藉由閱讀培養

夫妻感情，今日我與同儕可以從討論文章中一同成長，書中的文字的確為古今的人拼湊出快樂！

　　然而，現今的學生們卻視閱讀書籍夢魘，巴不得讓秦始皇從九原回到中原，再一次將四書五經、莊騷史杜煮成空氣中的塵埃。為什麼會發生如此巨大的變化？莫非是大家都已向下沉淪？身為一個學生，我認為是那考不完的考卷、看不完的教科書，造成書籍惡名的遠播！

　　舒爽的早晨，我從幸福中回到了現實。吃完早餐，搭捷運時，因升學壓力不得不將英文單字本拿起來認真閱讀。到了學校，上課讀書，下課也是讀書。放學回家還是得溫習作業，繼續讀書，直到進入夢鄉。我相信這也是大部分學生的生活──由考試及作業組成的生活。就是因為這種生活，扼殺了閱讀的愉快。

　　倘若升學壓力不再如此沉重，每個人皆可閱讀自己所喜愛的書籍，我相信讀書將會登上休閒活動的榜首。因為自己想要充實學問而閱讀，那不是件極為快樂的事嗎？想探索生命的奧妙，就廣泛閱讀有關生物、生命的書籍。立志成為亞理斯多德，就多讀些哲學名著，培養對生命不同的觀點。誰說小說家不入流？吳承恩、曹雪芹，今日痞子蔡，不都有偉大的成就？想讀書就去吧！

　　書中到處都有知識，到處都有快樂的美好，讀書毫無疑問是快樂的！

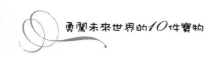

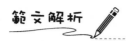

　　由歷史取材，找到很多「讀書樂」的例子佐證；再與當前學子生活相襯，既說明為何會有「讀書苦」的想法，也更深入說明「讀書」的真實意涵，由此，再度點明讀書樂的主題。全文取材豐富，而如「巴不得讓秦始皇從九原回到中原，再一次將四書五經、莊騷史杜煮成空氣中的塵埃」的幽默句子，更使文章少了批判意味。

 題目 4

98-2 台北學測聯合模擬考作文題

　　安東尼・波登 Anthony Bourdain 曾說過，「做個旅行家，別當觀光客(Be a Traveler, Not a touris.)。」真正的旅行是不預設任何立場的，在旅途中不但看見自己心境的轉換，也傾聽更多動人的故事；真正的旅行不在追隨他人成功的旅遊經驗，而在透過心境的轉換，創造自己的故事。

　　旅行意味的並不只是異地的越界，亦是心靈的移動，是以旅行不只是旅行，而是一種人生態度。

　　旅行回來，你曾問過自己：看到什麼嗎？你是以什麼樣的心態與角度體驗旅行的滋味？抱持著什麼樣的旅行哲學出發？在過程中曾經撞擊出什麼樣的感動與想法？

　　<u>請自訂題目，寫下你的旅行觀，從出發、觀覽、回歸之間與外在景物的對話，文長不限。</u>

依硬性規定視之，規定要題目，少了題目必定降一級分；規定要有「旅行觀」，就不能只有敘景及記事；規定要有與外在景物的對話，就不能只有行程表，第一天如何，第二天如何，請抓重點。

另外，請不要寫一些不大可能的事，一定要有與當地人的對話，所以你去請教耆老，他說了什麼智慧的話讓你大大反省；或者別人窮而知足的表現讓你當場潸然淚下——哇，不可能！

那一瀑在心中的巨響　　　　　　　　徐偉恩

旅行不僅是身體的移動，更是心靈的移動。它必定在自己不知道的地方重新形塑了自我的人生態度與價值。

那一夜，夜空的眼還在半夢半醒間，依稀模糊的臉，倒映在泛著初晨露水的車窗，我的眼迎上了那倒影中自己的眼，看不出任何蛛絲馬跡，看不出任何喜悅與熱忱，有的只是同這夜空般的睡眼惺忪。只有自己知道，那一聲聲激烈悶響並不是所謂的錯覺，它囚著對於未知的渴望，同時也囚錮著自己的莊重虔誠，心跳的快速在這趟旅程都不曾停歇，直到那一刻。希臘哲人曾有過那麼一句箴言：「凡事都有它存

在的道理。」原來我的心踏在那一刻煞住，是因為遇見了它
——尼加拉瓜大瀑布。

　　曾經懷疑柳宗元的那股山水情懷，懷疑著他是否是為
美化而美化，為感動而感動。想必是我錯了，錯得離譜，錯
得愚癡。尼加拉瓜大自頂端傾瀉而下，狠狠鎖著我的目光，
是誰造就了這樣的鬼斧神工？讓千軍萬馬般的河水，就這麼
順著幾近垂直的陸壁，砰然炸下，粉碎了隨行的枯木，同樣
的也粉碎了我的心防，不想再造作，**砰**。不想再緊抓著感動
的餘尾，讓它飛吧，**砰**。原來這世界不全然是我所想像的那
樣，原來在它面前，我只能俯首稱臣，我，竟然是如此渺
小，**砰**。隨著最後那聲瀑布的巨響，我的心已竄上無垠的宇
宙，我知道，我自由了。

　　有些人希望在旅行中看到的，是最單純對外界的欣賞，
我則希望自己的心能在此能激盪些什麼，在這趟尼加拉瓜大
瀑布之行回來後，我深深感受到身為人，外形的脆弱與渺
小，但我們心，人的心可以盡情的膨漲，無限制地去涵泳這
世界。

範文解析

> 　　把握旅行中的一點，給予的震撼。前後議論，中間寫
> 景敘事，精準把握了將各文體融合的寫法。如此一來，旅
> 程很精彩，學習得到的，更精彩。

 ## 題目 5

92年學測作文題

閱讀下列資料，依框內要求作答。（佔24分）

2001年，OECD（經濟合作發展組織）策劃了一項「PISA」（國際學生評量計畫），測驗32國二十六萬五千多名十五歲青少年，是否具備未來生活所需的知識與技能，結果排名前三名的是芬蘭、加拿大、紐西蘭。這項被喻為「教育界的全球盃」、具有檢驗各國教育體制和未來人才競爭力的報告引起各國震撼，排名不理想的國家紛紛檢討「我們的學生很笨嗎？我們的國民讀得夠不夠？」再次正視閱讀的重要性。

近年來，在高科技時代、e化浪潮中，傳統式閱讀卻重新成為許多國家教育改革的重點。在美國，無論是柯林頓任內「美國閱讀挑戰」運動或現任總統布希的「閱讀優先」方案，均見國家元首大力提倡。911恐怖事件發生時，布希總統正在小學為小朋友說故事，情景令人記憶猶新。在英國，布萊爾首相在施政報告中連續重複三次「教育、教育、教育」以表達其迫切性，政府更訂定「閱讀年」，與媒體、企業、民間組織合作，要打造「一個舉國皆是讀書人的國度」。在澳洲，小學生的家庭作業包括唸一本書，「至少唸二十分鐘才能停」。芬蘭的學生在PISA調查中名列前茅，不但閱讀能力最強，18%的芬蘭中學生每天花一、二小時，單純只為了享受閱讀的樂趣而閱讀。

　　台灣雖未參與PISA評量，但據文建會調查：十五歲以上民眾從不看書或幾個月才看一次的比例達38.7%，半年內不曾買書或雜誌者佔51.2%，而46%小朋友的休閒活動是玩電腦、看電視。以芬蘭為例，其首都市民平均每人每年從圖書館借閱16本書，而台北市民則只有兩本。學者專家憂心台灣中小學生「看電視、玩電腦，不看書，要看也只看教科書、參考書」。

　　（一）讀完上列資料，回顧自己的讀書生涯，此時最深的感想是什麼？文長至少200字。(佔12分)

寫作步驟 121

　　這是一篇標準的「閱讀寫作」，閱讀內容固然重要，但提問更重要。如本題，問的是「讀者個人的感受」，那麼，提供素材中的數據或憂心，大可以置之不理。只需留神「自己的讀書生涯」以及「文長200字」的限定。

範　例

李祖全

　　從小，閱讀百科全書、科學雜誌是我的享受，縱使我不懂克卜勒行星公式，但精密的行星模型早已緊緊抓住我的心。寫功課時，我把它們擺在桌前待命，那會是疲乏時的強

效提神劑，只不過，每當我悠遊科技新知時，總有一聲「快去讀書」的叱嚇，抽回我奔馳的靈魂，讓我硬把自己釘在枯燥乏味的參考書上。望子成龍的期盼，迫得我不得不將無盡寶藏束之高閣，反覆練習的試題則倒足了我對文字的胃口，對書的排斥，漸漸悄悄攀上心頭，這是此刻的我，被抹煞閱讀真實興味的我。

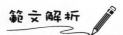

範文解析

> 對考試教育的反感，由文章中得見一斑。喜歡閱讀科普作品，卻處處受限，實在令人同情。

題目 6

94-3 台北指考聯合模擬考作文題

書，豈只是承載、傳遞知識的工具？你是否同意：閱讀，也是娛樂享受、品味象徵、深層的感情與依賴？當許多美好的事物在這個時代、這個社會已被徹底摧毀時，做為心靈重構場所，有什麼比書更好？請以「書與我的故事」為題，你選擇特定的一本書，或泛指曾經陪伴你走過生命旅程的書，不必詳述內容，著重它(它們)與你的故事。

注意：1.文長500字以上。

2.請勿寫成讀後感。

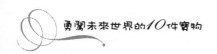

由題目而觀，千萬不要只「泛論」書本的重要或是「泛論」書本對你的重要，因為這都不是「書與你」的具體關係。

在取材上，一定要有「具體的哪些書」，但是取材只在「桃樂絲」、「辛巴達」，又太稚氣了些。還有，請千萬記得，不要只寫「小學時看過一本書」，好像自那時到現在，你都不看任何書（即使是事實，也不必那麼誠實）。

在結構上，你可以用時間安排，也可以用書的類型安排，只要記得，這裡的書，不是只在於「房間有多少書」，指的更是在你生命中，書所佔的重要性，以及它對你的意義。

書與我的故事 簡廷育

那年秦始皇毫不猶豫的將古書、卷軸煮成塵埃時，想必沒有料到他抹殺了中國千千萬萬後代朝向更深層情感的契機。或許，許多懵懂無知的莘莘學子視秦始皇為一代英雄，提劍斬斷了大半的試題庫，不久前的我也是如此為他叫好。

然而，隨著逐漸的成長，我開始瞭解到這世界的輪盤裡，最好的籌碼無他，就是一冊冊泛黃紙張構成的文字世

界。

　　從小，我看過許多書，包括了小說、傳記、論文甚至是漫畫這種被視為無法登上文學聖堂的書。每本書都有一個世界，在作者的心靈與情感形成了世界運轉的法則。從余光中的作品中，我領悟了文化傳承的重要；從丹尼斯的奇幻小說，我看到了我嚮往的奇幻世界以及想像力；從小畑建的漫畫中，我獲得了另一個看世界的角度。

　　我的生命旅程已經走過了十八個地球公轉，陪著我的書本同伴們仍依舊躺在我為它們準備的日式直立大書架。我隨著年齡長高、成熟，書本仍不間斷地保存那些文化、情感以及心靈，將傳承的責任，努力地做到至善的境界。誰說書只是承載、傳遞知識的工具？

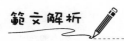 範文解析

　　起筆別出心裁，用詞造句頗具特色。除了作者名字之外，若有某一本書與你的詳寫，故事必能說得更具體。

 題目 7

93-2學測聯合模擬考試題

　　一架架連壁的書城，圍起一座文化寶藏，走進書籍，就像走進漫長的歷史，鳥瞰遼闊的世界，悠遊於無數閃爍的智慧星之間，讓人突然變得渺小，又突然變偉大。書

房，操持著生命的盈虧與縮漲，讓身在其中的人閱歷人間風景，嗅到人類群體才智結晶成的生命芬芳。

劉禹錫〈陋室銘〉、歸有光〈項脊軒志〉，對於其所處書房中的心志多所著墨，你日夜居留的書房裡又是什麼樣的光景？請以「我的書房」為題，寫下俯仰其間的風景，它可以是書桌的一角，可以是想像中的書室，也可以是現實的素描。

寫作步驟

寫「我的書房」可以依循同學學了那麼多篇的台閣名勝文章的寫作技巧發揮，寫「外觀」、「興建歷史」、「本身感慨」，甚至通過書房的事件，對家人與世事的變化，理出情感或是哲思。同學們學過「項脊軒志」，即使這一篇以描寫感悟為主，但仍有「外觀」的概敘，有些同學一起筆就是抒志詠懷，反而偏離主題了。

寫景記事要依賴各種感官的鮮明感觸，掌握生活中平常但耐人尋味的感受。同學們對視覺的掌握並不陌生，但對聽覺、嗅覺甚至味覺或觸覺的感官，則往往失去本能，如果這裡加以強化，必有助益。

除了寫景、記事之外，更要把握真情流露的技巧，才能成就出自然的美感。

引導文字中的文字，十萬考生都看到了，不要照抄，否則對自己太不利。

範 例

我的書房　　　　　　　　　　吳尚晏

　　蒙田有言：「人有三個頭腦，天生的一個頭腦，從書中得來的一個頭腦，從生活中得來的一個頭腦。」我喜歡閱讀，我的書房就是個書的世界。

　　房門一打開，映入眼簾的盡是一座座的書架佔滿了左右兩面牆，房間盡頭是扇明亮的窗子，窗子下是張古色古香的茶几，而我的書桌就靜靜的立於窗旁角落處，上方附著一盞從我出生就伴我至今的檯燈。整個房間光源是來自天花板的吊燈，光線溫柔，恰到好處，使房間看起來有種朦朧之美。

　　每當到了休閒時光，我便會走近書架選擇一本好書欣賞。培根說過：「歷史使人明智，詩詞使人靈秀，數學使人周密，自然哲學使人深刻。」昨天我陪了孔明馳騁於沙場作戰；今天便和李白引觴滿酌，不醉不歸；明天將與數學王子高斯一較高下，拚個你死我活；後天則回到佛洛伊德的懷抱，探討夢境的解析。人因有書得以閱歷豐富，身心成長；而我的書房因有書的綴飾更顯得金碧輝煌、光采耀眼。

　　而窗下的那張茶几是我心靈沉澱之處，每當讀累時便坐在木凳上，品嚐一盞清茗，在享受甘甜之餘望向窗外，細雨霏霏，樹枝搖曳，景物濛濛，隱約見到遠處山的輪廓；有時風和日麗，車水馬龍，體會到了都市忙碌的氣息。突然間，我發現樹上的花開了，巢中的卵孵化了，龍眼樹結果了⋯⋯，能透過這扇飽經風霜的窗看到時間的更迭，真的可

以收錄在金聖嘆的不亦快哉中啊！

　　書房，一個珍藏著人類智慧結晶的地方，它透過書，把知識從遙遠的過去伸向渺茫的未來，我很慶幸我擁有這間書房，這兩大列的書帶給我學問上的滿足；而那具畫龍點睛之妙的茶几和窗子則是我和大自然溝通的橋樑，滿足我視覺上的渴望。我的書房使我擁有沉著、穩重的心，豐富的知識，伴我度過風風雨雨，讓我更加成長、茁壯。

> 　　書房之硬體設置及軟性供應皆能見其特質，尤其末段作收束，結構完善。

100 指考作文題

　　閱讀文章，回答問題，文長限200字～250字（約9行～11行）。

　　途中是認識人生最方便的地方。車中、船上同人行道可說是人生博覽會的三張入場券，可惜許多人把它們當作廢紙，空走了一生的路。我們有一句古話：「讀萬卷書，行萬里路。」所謂行萬里路自然是指走遍名山大川，通都大邑，但是我覺得換一個解釋也可以。一條路你來往走了幾萬

遍，湊成了萬里這個數目，只要你真用了你的眼睛，你就可以算懂得人生的人了。俗語說道：「秀才不出門，能知天下事。」我們不幸未得入泮（入泮：就學讀書），只好多走些路，來見見世面罷！對於人生有了清澈的觀照，世上的榮辱禍福不足以擾亂內心的恬靜，我們的心靈因此可以獲得永久的自由；所怕的就是面壁參禪，目不窺路的人們，他們不肯上路，的確是無法可辦。讀書是間接地去了解人生，走路是直接地去了解人生，一落言詮，便非真諦，所以我覺得萬卷書可以擱開不念，萬里路非放步走去不可。（改寫自梁遇春〈途中〉）

雖然古人說：「讀萬卷書，行萬里路。」梁遇春卻主張：「萬卷書可以擱開不念，萬里路非放步走去不可。」他的理由何在？請你解讀他的看法，並加以評論。

寫作步驟 121

引導文字提供的訊息在於「萬卷書可以擱開不念，萬里路非放步走去不可。」題目則要求需自文章內找出他的理由，然後加以評論。前者必須有所依據，後者則是自由發揮。

所謂作者的理由，應該指作者認為讀萬卷書者若「面壁參禪，目不窺路」，只侷限象牙塔中，閉門不問世事，無法探究天下，俯察人世現實問題，還不如行萬里路，以

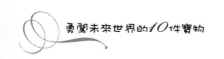
實際行觀察世情,直接接觸人生真相,進而體悟人間百態,進而可省思自我的內在生命。

　　至於同學的想法,可同意也可以反對,無論立場為何,都需要說明理才可。而題目要求的字數,限200字～250字(約9行～11行),切莫不足或超過。

陳奕安

　　對於梁遇春來說,人生重在體悟,世情重在觀察。他不主張一成不變的制式,不主張八股的苦讀。畢竟,即使一條路走了上萬遍,每一次在路上碰到的人不同,季節不同,山川的景象也不同,就連天上的雲朵也是分分秒秒在千變萬化,我們的心怎麼可能感受完全相同呢?當我們開始願意傾聽,開始觸摸,縱使是每天早上要走去搭公車的路,一夜之間都煥然一新,有了全新的面貌。人生像什麼?豐碩似藏寶窟,美妙似天上虹霓,鎖在象牙塔中,又如何能得其全貌呢?

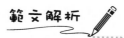

　　先解釋梁遇春「行萬里路」的理由,其次解說自己的立場。以反詰收束,更可見內心的翻騰評析。

2006安徽高考作文題

　　社會是一本書，人是一本書，自然是一本書，父母同學都是一本書。「讀」是了解，是探索，是超越，從讀書中能夠思索、感悟和品味，以「讀」字為題寫篇作文，文體不限，800字以上。

　　題目提醒了「讀」的對象應豐富些，如果同學只寫「讀書」，取材就受侷限。

　　這種題目如果自己的文筆不夠精緻，那麼一定要從取材多樣著手，不然只做純理論發抒，既不具體，又易感枯燥！

　　單主題的題目，若要拓展內容廣度，便必須加以反面看法，使得單主題，也有兩線同時進行！

　　這種「人生觀念」的題目，最好不要走太「功利」的路線，如書中自有黃金屋之類的用語，就讓它靜靜沉在湖底吧！

讀

李俊儒

　　生活在今日科技發達，經濟繁榮的社會，我們的物質生活的確是改善了，但是我們的精神層面卻有退化的趨勢。儘管在學校裡，我們讀的是四書五經，是唐宋八大家，但是，許多人就迷失在這時代驟變的洪流裡，茫然不知去向。事實上，許多古人的流風遺跡，都是我們所缺乏，值得我們效法和學習的。

　　「讀書所學為何？所為何事？」文天祥給了我們一個慷慨激昂的答案！「人生自古誰無死？」他臨大節而不可奪，從容赴死，志概可欽。讀書求的，絕非僅只咬文嚼字或吊弄書袋；忠孝仁愛，並不是只能拿來空談。能夠讓一個人在最困難的境地保持尊嚴的，居然是他曾經讀過的書！閱讀不是陽光，不是空氣，不是麵包，不是營養品，它給人尊嚴，給人堅持的力量。我一向認為，在書海遨遊過的人，至少不會泯滅所有的良知。它以它那悠遠而綿長的力量，塑造一個個健全而完整的心靈。

　　閱讀是那樣一種精靈，它總會留給我們一些讓我們為之感動，為之觸動的東西，它在不知不覺中輸注給我們正義和友善，它讓我們在與他人的交往中始終揣著一份真誠和信任。當我開始閱讀的時候，只覺得有如整片蒼穹羅列著繁星；當我以為認識了整片星空後才發現，我只是大宇宙裡的一個小太陽系。

　　梁啟超先生治學嚴謹，晚年久病不癒時，醫生明白說，想治好病，不但要吃藥，更要停止工作，包括閱讀，否則扁鵲再生也無能為力，梁先生說「戰士死於沙場，學者死於講座。」讀梁先生的晚年，有如敬悼馬革裹尸的戰士。冰心老人為什麼到晚年還保留著那份童真童稚呢？三毛在萬水千山走遍之後依然還能交出真心呢？書籍對人的影響是不可磨滅的，即使你走遍天涯海角，即使你歷盡滄桑變幻，它也一直都在你的靈魂深處。

　　哈佛大學有句校訓：「人無法選擇自然的故鄉，但你可以選擇心靈的故鄉。」與書籍為伴，讓心靈在一次次的洗禮中得到昇華。很多年之後，我們會發現，我們心靈的故鄉如此親切，我們的人生，如此美好。

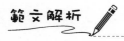
範文解析

> 　　先從社會上人人茫然寫起，再由文天祥對「讀書」的高遠看法點出，「讀書」的意義，由此連結了「讀」與「書」，也道出這些「閱讀」而得的體悟，如何提昇一個「讀者」的心胸。若能再跳脫讀與書的牽絆，寫出「讀人」或「讀世界」，必能開創更廣闊的世界。

禮物六

打造完美未來

前言

梵蒂岡教堂屋頂的壁畫為什麼藝術價值如此高？米開朗基羅的藝術成就，是由攀緣在七十五英尺的高度，費時四年的長度，仰首繪畫的疲累，點點滴滴累積而成。

買過夜市的玻璃飾品嗎？師傅在一百多度的燄柱上，一、兩分鐘作好成品，一件數十元；而琉璃工坊和王俠軍的琉璃作品卻是每件數萬至數百萬的價格，而他們的藝術價值更是無法以金錢定位。

難度決定了價值！

前亞都麗緻總裁嚴長壽便說：「年輕人不能靠別人打前鋒，自己動都不動，年輕人要有自己的主張、自己的判斷，找到自己的能力，最重要的是，找到自己的初衷，這樣才能激發自己無可救藥的熱忱！」

江振誠是在台北士林長大的台灣人，只有高中畢業。但他是印度洋上六星級飯店的主廚。Andre Chiang 二十歲就是間五星級法國餐廳的主廚，曾經兩次被《時代》雜誌報導為「印度洋最偉大的料理」，Discovery 頻道「二〇〇六亞洲十大最佳青年主廚」、頂級餐廳指南《Relais and Chateaux》「二〇〇六全球最佳一五〇位主廚之一」。江振誠，從小便開始追求自己夢想的路。他說：「料理是一個讓你覺得今天是很完整的，是一個最原始的感動，這是讓我想當廚師的原動力，」所以，他從十三歲就在各大

飯店打工。當同學們玩耍時，他仍在工作。他二十歲當上西華法國餐廳的主廚，是有史以來台灣最年輕的法國餐廳主廚。但江振誠說：「在台灣，如果我二十歲是這樣，那我三十歲要做什麼？」接著，他就把摩托車賣掉，所有的積蓄十五萬帶在身邊，到法國開始學習的另一條路。在法國，江振誠每天工作十六到十八個小時，只睡三到四小時。但他不喊苦，因為他的師傅雖然是《米其林指南》有史以來最年輕的三顆星法國餐廳主廚，也是一天十六小時待在廚房中，做十年前在做的同一個動作，所以他明白：「成功很難，不斷成功更難。」

多數的人都期望自己能夠擁有成功的生命，其實，成功是過程，不是地位，它是每個人朝自己的願望努力的過程，它多變而短暫，不是一個可以持久的東西。有如人生有童年、少年、中年、老年的階段，成功也有季節。

不同農作物有不同的成長期，有些年年都可播種收成，有些成長期不同，但先播種再培育，最後收成的過程是相同的，在栽植過程中，也要涵養土壤、剪枝、理藤。成長也是。

有人認為成長是一個高溫的煉爐，我們必須把自己投入爐中，燒毀自我的驕傲、自私與幼稚，才能鍊出奪人目光的純金。也有人悲觀的說：成長像在闃黑的曠野中摸索前後，嗅不著的荊棘讓人滿身是傷，看不見的崎嶇讓人跌跌撞撞。其實，未來的世界，未必有自己想像的驚悚，托爾斯泰說：「人類被賦予了一種工作，那就是精神的成長。」

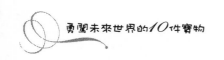

　　成長何止是人類被賦予的工作？成長是一條發現自我的路。

　　古希臘戴爾菲神殿上鐫刻的兩行字：一行是「認識你自己」；一行是「凡事勿過度」。前者強調了自我的重要，生命路就是一段發現之旅；後者強調不偏激的重要，凡事中庸，才能品味出每項事物的滋味。

修養成長類

100指考作文題

　　吳寶春十五歲開始當麵包學徒，經過二十多年各領域、多方面不斷地努力學習、嘗試、創新，終於在2010年，運用臺灣本土食材，以「米釀荔香」麵包獲得「世界麵包大師賽」冠軍殊榮。他說他以後仍會用「很寬很深」的方法繼續研發創作；「很寬」是指學習更多領域，「很深」是指加強基本功。這是吳寶春對寬與深的看法。<u>請你依照自己的體會或見聞，以「寬與深」為題寫一篇文章</u>，議論、記敘、抒情皆可，字數不限。

　　畫底線部分，為硬性規定，所以內容必須有個人對「寬與深」的體會或見聞。

　　有關個人見聞，指的除了是自身經驗，也可以加入所見所聞。兩者都要強調出個人的學習與體悟來書寫，除了能凸顯個人看法，亦可加強撰寫者的誠懇度，並適當加入其他見聞或事證來強調觀點。

　　就學習方面來說：探索各種科目領域的知識，是學習面的寬廣，日積月累苦練中蓄積單項的實力，則是學習面的深造。

寬與深

連梓亞

　　小水滴渴望流入廣闊的大海，是因為蔚藍的大海既寬又深，蘊藏著豐富的資源；鷹隼嚮往翱翔於浩瀚的天際，是由於明亮的天空又寬且深，能恣意遨遊享受。視野寬，能見識事物不同的層面，心胸不會狹窄；思考深，能深刻體會道理，不流於膚淺。

　　從社會上成功的人是來看，許多受人敬重的社會賢達，不論是音樂家、藝術家或烹飪家，都有共同的特質——見識寬廣且功夫下得深厚。世界知名設計師吳季剛先生，從小母親帶他前往加拿大，多方學習語言、繪畫和服飾等相關設計，他在優美的景觀及開放的教育制度下，人格受到薰陶，建立寬廣的視野，後來，他更進一步到紐約、巴黎等時尚聖地學習服裝設計，培養寬闊的見聞，以不同的角度了解各地風情，他不僅以寬闊的國際觀品味世界流行，運用繪畫、雕

刻的特色於服飾設計，跨領域、跨國性連結，更努力鑽研於設計，他融合異國風情，創造屬於自己獨特的風格，最後終於在國際服飾界佔有一席之地。

　　有見識寬、思考深的人，相對的，也有看法淺、思維窄的人。如市場上許多投資客，往往見勢而作。多年前，國內市場葡式蛋塔風靡一時，一間間蛋塔店如雨後春筍般冒出，他們僅僅淺薄地學習如何製作葡式蛋塔，沒有繼續鑽研口感、風味和外觀等，更進一步改善和研發；他們僅狹窄地販賣單一口味的蛋塔，沒有融合各式食材，研製出屬於自我特色的口味，作跨領域的連結。這些投資客目光短淺，他們不在蛋塔的製作上加深加廣，單純地以葡式蛋塔一時的商機而開店，這種封閉的思維和狹隘的見解，最後往往流於一場空。

　　人生彷彿建一座高塔，我們從各方學習，打寬基底；努力鑽研興趣，加深地基。在人生旅途中，我們要以廣闊的視野和深入的思維來品味，最後築出一座屬於自己的人生高塔，站在塔頂上體驗一個更寬更深的美好世界。

範文解析 ✐

> 　　首段以物例入手，第二段以吳季剛的例證說明重視深與寬的功效，第三段反面立論，最後收束人生大方向。全文結構完善，若能加上個人的經驗，可以讓文章更具個人的生命力。

99指考作文題

　　生活中總會碰到一些料想不到的事，面對意外之事，該如何處理，處理之後可以讓人獲得什麼樣的體悟？請以「應變」為題，寫一篇結構完整的文章，議論、敘事、抒情皆可，文長不限。

　　從引導文字中可知，寫作內容可就以下三層次敘述：「生活中遇到料想不到的事、意外之事」、「如何處理應對」、「讓人獲得什麼樣的體悟」，題目中並沒有指定要寫個人經驗，只強調「生活上」，因此沒有巨變經驗的，可就他人經驗舉例，如九二一大地震、小林村土石流等大型天然災難，概敘如何面對人生變局；有個人生活經驗可以入題的，則必須緊緊把握「意料之外」的事件取材，如考試失利、親人離去、朋友間的誤會、打球受傷、團隊爭執等皆可。尤其要注意，所取之材必定要有可以書寫的體諒，否則，三大指標稍有欠缺，便不利高分。

範 例

應變　　　　　　　　　　　　連梓亞

　　變，是永恆不變的真理。昔日繁勝強大的秦帝國，如今已化為塵埃，自信一時的秦始皇也已成了一堆白骨；往昔繁榮一時的古埃及王朝，如今已消失得無影無蹤，巨大的獅身人面像也已殘破不堪。時間主宰著一切的變化，隨著時間的流逝，我們要掌握變化、順應變化，

　　看！往日那世界龍頭大國──美國，曾經在經濟領域、政治領域上創造許多奇蹟，獨佔鰲頭，但在經歷了世界金融風暴後，經濟體制如融冰般冰消瓦解，許多人嚮往的「美國夢」也像泡沫般破碎，有的人因為扛不起沉重的房貸壓力而流落街頭；有的人因為公司營收下降，慘遭裁員而三餐不繼。新任總統歐巴馬以雄獅般的自信，順應時勢的變化，推出種種應變措施，諸如降低房貸利率、提供就業機會……等，歐巴馬有效地掌握變化，努力應對著當前艱難的處境。

　　聽！那北極的冰山正因日趨嚴重的全球暖化而崩落，北極熊漸漸失去立身之地而發出哀鳴，動物們無助的眼神透露出不安與惶恐；那亞馬遜雨林正因人類的過度開發倒下，昆蟲、鳥兒們紛紛失去棲息之地，不安的蟲嘶和鳥鳴透露出害怕和恐懼，大自然正面臨極大的變化，許多動物因為無法順應變化而失去美好的家園以及寶貴的性命。國際綠色和平組織見到如此巨大的生態浩劫，大聲疾呼環境保育的重要性，與各界攜手合作，共同努力維護大自然，更派出許多志工、

提供大量金錢至全球各地，協助當地政府解決饑荒及生物危機，致力於推廣「永續發展」。

「滄浪之水清兮，可以濯我纓；滄浪之水濁兮，可以濯我足。」這是江畔漁父千年前提供的應變的態度；「永言配命，自求多福」這是《中庸》一書提供的「不變」態度。蘇東坡的名言「自其變者而觀之，天地曾不能一瞬。」變，就如同從天而下的瀑布，隨著時間的河流，不斷湧出，不斷流下，不斷沖刷。當變化到來，生活必定是一團混亂，面對這些龐大於自己、高聳於自己的烏雲，還能釀酒臨江、橫槊賦詩，必然是應變高手。

在生活中，變，可能造成危機，只要我們順應變化、掌握時勢，即能將危機化為轉機，創造一個美好的世界。

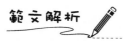
範文解析

第二段以及第三段皆能以「當前重大的應變」取材呼應題目。首段略寫次兩段詳寫，寫作法式詳略分明。第四段的引文，算是將範文中可以引用的取材全數用上了，如果刪去最後一段，應該文氣更為凝鍊。

 **題目 3**

98 指考作文題

　　生活裡充滿了令人迷惑的人、事、現象……，孔子四十而不惑，那真是大智慧、大人格！ 平凡的我們是不可能的，但也無妨「雖不能至，心嚮往之」。

　　請以「惑」為題，寫一篇結構完整的文章，議論、敘事、抒情皆可，文長不限。

 **寫作步驟**

　　當題目的字數愈少，往往代表著文章的空間變大。然而可入題的空間一旦變大，則會讓同學有如面對汪洋大海一般，讚歎它的廣闊深遠，卻依然不知從何下手。此時，知道如何取材非常重要。

　　相類似的題目，可以先由「造詞」開始，「惑」這個題目，可以造「迷惑」、「疑惑」、「困惑」、「惶惑」、「大惑不解」，造了詞，也確定自己的詞語合乎題目要求，其次就要由這個詞找素材。找素材不外乎由具象與抽象層面、小我與大我層次、正面與反面聯想；也可以由「是什麼」、「為什麼」、「怎麼做」、「未來可以如何成就」的步驟完成。

　　以這個題目而言，由「生活中」找素材，也十分貼

切題目所要。可以從自己在生活中的迷惑著手，再由小而大的發展；當然，引導文字中，「孔子四十而不惑」的提醒，也可以讓我們明瞭人世有惑，天經地義；為自己解惑，更是理所當然。

人生難得，自然要好好經營自己的人生。那麼，何不從「發現迷惑」「解決迷惑」的路程，將自己經營得有聲有色？

範　例

惑
黃光耀

「欲人之無惑也，難矣！」韓愈在「師說」一文中為我們揭示出：人一生中有許多的迷惘。這些迷惑有的隨著年齡增長而解開，有的則跟著我們終老，一生無解；有的在不同時期有不同答案，有的疑問則是一個接著一個，找不到最終的解答。

小時候，我對生命的起源感到非常疑惑，不知道為何螻蟻能夠無中生有，為何秋蟬能從地下鑽出？上了初中，學了生物才知道原來螻蟻是成蟲產卵之後孵化而成，秋蟬在地下成長發育結蛹之後破土出殼，而能在樹上吟詠。生命的起源如果都是因果，那麼荷花如何能在轉瞬綻放？蕓花為何又轉瞬凋零？小時候的我，疑惑何止千萬。

惑扮演著開啟鎖鑰的催化劑。從古至今，人類的疑惑總是不曾間斷，像是：為何太陽總是東而升，西而落？宇宙、

生命是如何誕生？正因為有著疑惑，人們才有動力想去探知究竟，就如同燃料一般，人們透過解惑，探索耀眼的未來。我甚至懷疑，生命之惑有沒有全數解開的一天？

美國著名詩人羅勃在他的詩中提到：「在人生的道路中，我遇上兩條岔路，一條看似平坦，另一條則較為坎坷。」困惑便經常如此佇足在人生的十字路口，讓我們遲疑不決，不知道該如何選擇，這是生命的障礙賽。然而，如果沒有遲疑，沒有疑問，那麼人生就是高空彈跳，生命一躍即結束，又有何意義？

我認為生命的意義即在於找尋問題的解答，一步一步的探索，深入迷惑的所在，解開疑惑。人非聖賢，孰能無惑？惑而能解，善莫大焉。

 範文解析

善用三類組的特質，寫出各式生物界的疑問；再由詩人作品引回生命的大哉問。首尾以師說貫串，頗為有趣。末文結尾既為引用，建議也應該使用引號。

 題目 4

95學年度成功高中高三下期中考作文題

人因外在事物而產生的抽象情思最難描寫，如何使它鮮明動人具體化？需要藉助各種靈活的修辭法，如「摹

寫」(透過視、聽、嗅、味、觸等感官的感覺)、譬喻、轉化、映襯、排比等手法的利用。許多散文名家都在這些技巧上下過功夫，經營出屬於自己的文字風格。如「成長」的感受就是抽象的情思，簡媜卻用映襯、排比、譬喻等方式，寫出其中「既混亂又寂寞」的感受：「成長，是一件很混亂的事。因為，有一卡車的人在旁邊鼓譟，幫你搖旗吶喊。成長，也是一件寂寞的事，傷心時才發現，全世界只剩下你一人。但無論如何，你終會長大。」(頑童小蕃茄‧簡媜)

　　請你也以「**成長**」為題，**至少運用三種修辭手法**，將感受到的抽象情思作具體描寫。**文長約120~150字**即可。

寫作步驟

　　這是一篇短文寫作，由說明文字中可知有幾個必須遵守的重點：1.文中必須包含三種修辭（三種跟三句不同，不可以只有一種寫三句），2.全文必須以「成長」為主題。（既然有題目，那麼就必須首尾皆俱，前後連貫），3.字數120～150字之間，這個固然不必太嚴苛，但是前後出入不要太大，不要讓人抓住有立即可以扣分的把柄。

　　成長的過程可能驚、可能喜，但務請將結果寫成自信與喜悅，不要讓自己的生命太過晦澀，如：「當童年的驪歌響起，新的自我已在校門外等候，快樂的赤子心田，找不到長大後的足跡，只能任由低聲呢喃，飄揚在時間的風

裡。」

　　當然，也不要表現太厚黑的成長，如：「成長學到得戴上面具，用雙面刃保護自己，攻擊別人」或「兒時的開朗成了年長的陰沈，遊戲的機智成了商場的謀略，歲月讓身改變，現實讓心改變。」；也不要太彼得潘「希望自己能留在童稚，不需擔負任何責任與壓力」。

王國傑

　　不像那打在沙灘上的浪潮一般周而復始；成長是那飛幕般壯闊的灑落，爾後便在下一段河道上奔流，不再回首。不像那杯濃郁的咖啡飄香令人沈迷；成長是期待著香醇入口時那淋上舌根的苦澀，銘心刻骨。即使期望與現實不見得相符合，但在一段段的成長進階之後，終會見到下一次壯闊的飛幕，下一杯香濃的刻骨銘心！

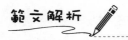

　　任何短文的譬喻，從一而終，由一個譬喻發抒，比並列許多譬喻來得恰當。否則，必定要在文末做出總結。短文的起筆用反語出現，十分特別。

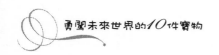

洪毅軍

　　嚥下的不論是悲喜苦痛，在胃中一次次的翻騰下終究會被消化，最後構成我們的血與肉。成長不一定是全盤的勝利，在失敗中亦能獲得慰藉的淚水。我們往往在每一個經歷中能淬鍊出一些智慧。不驕於順境，不困於逆勢，成長將有高度，也有深度。

　　由反而正，順序與他人相異，所以得到的成果也有別。

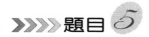

94學測試題

　　人生難免「失去」：我們有時沈浸在失去的感傷中；有時因失去才學會珍惜；有時明明已經失去，卻毫不自覺；而有時失去其實並非失去……

　　請根據自己的體驗，以「失去」為題，寫作一篇首尾俱足、結構完整的文章，文長不限。

寫作步驟

　　題目要求，要根據自己的體驗來寫失去的事件及感受。

　　關於失去，多數人的情緒可以分為兩類：有些沉浸在傷感中；有些則在失去後反學會珍惜，有些人甚至可以體悟到「擁有」的可貴。因而，寫作可以將己身的感受具體寫出，更可以由己身想到社會上聽聞的事件（精簡略提），如此文章才能更有廣度。

　　若書寫失去親人，尤其是寫爺爺、奶奶的去世，內容難免雷同，所以必須由文字精彩度取勝，然而，絕不可以為了異軍突起，找些離奇的情節，如921空難，或親人死於南亞海嘯等等，只要非真實，情感必然造假，一旦有破綻，正巧觸犯寫作的大忌。不可不慎。

範　例

　　　失去　　　　　　　　　　　　　　　　朱佳俊

　　人生在世，各自有各自的夢想，並且終其一生不計代價地想實現它！

　　身為高中生的我們，為各自的理想努力不懈，我們追求優秀的成績，追求一所理想的大學；但是為了這個理想堅持的我們，在追求的過程中，是否也失去了些什麼？在金鏞筆

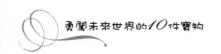
下，成吉思汗在征服大片土地後，問郭靖：「我算不算是個英雄呢？」郭靖回答：「大王你東征西討得到的土地，若埋葬那些戰死的人之後，還能剩多少？」成吉思汗悵然若失！

還記得日前電視強打的一支廣告：一位老公公望著樂器行的電吉他，回憶起年少時組樂團的夢想……，在追求夢想的道路上，他選擇了一般人心中理想生活的通式，失去了青春，失去了快樂。有得必有失，但失去的如果換回的是不成比例的無奈，值得嗎？從前有一位ＮＡＳＡ的工程師，在事業看好的時後急流勇退，轉而追求他自小的夢想：作音樂。他成功的成為當紅的偶像歌手，他是李恕權！他失去安穩的工程師職位，獲得他真心想要的生活。

追求自己真正想要的，所有失去的，都有價值！所有擁有的，都很真實！

> 　　先以金庸小說的對話為例，引出「失去與擁有」的對決，再從廣告及音樂人李恕權的例子，說明作者對於失去與擁有的界定為何。末段以對比手法寫出自己的理念，為了理想而奔馳，所有的失去，都將幻化成擁有而回饋。

96年指考作文題

　　請以「**探索**」為題，寫一篇首尾俱足、結構完整的文章，文長不限。

　　【**注意**】不得以新詩、歌詞或書信的形式書寫。

　　〈探索〉一題，為命題作文，沒有任何引導文字，如此一來取材更為開放，文章可以記敘個人探索的經驗，走記敘路線，也可以議論探索的意義，走說理路線。當然，也由個人探索某事某物為基礎，寫個人的情緒或感悟，端視考生個人對「探索」此一主題的理解與觸發而定。

　　從新聞報導看到不少考生覺得題目很抽象，加上沒有引導文字，所以短時間之內不知從何下筆。以動詞的題目而言，可以為動詞加上受詞，如此一來，題目就不會天馬行空。比如「探索自我」或「探索科學」等等，便找到一個方向。

　　如同一般作文題，只要內容豐富，結構完整，敘述細膩，情理分明，較具文學表現者，都有好的表現。

探索　　　　　　　　　　　　　吳榮恩

　　人從出生以來就開始探索。嬰兒探索周遭的世界；學生探索知識的寶庫；科學家探索自然的奧秘。這一切都源自於好奇心激起對事物了解的慾望，也在探索的過程中有所啟發。

　　探索是由探察、索引兩個詞所構成，也就是獲得資訊後整理的過程。大至天體，小至細胞，人類天天都在探索，一方面滿足了天生好奇的特質，另一方面也驅使人類文明更進步，所以探索往往被視為利遠大於弊。對我而言，把探索視為我的嗜好也不誇張！從小就愛提出問題的我，是一個名副其實的好奇寶寶，也讓我在生活中汲取了許多課外的知識，其中有項探索最令我印象深刻——如何飛行！

　　由於父母熱愛旅行，跟隨他們到世界各地的我，一直都存在著對飛機如何飛行的疑問。往往登機前，眼看上百人登上碩大的鐵鳥，上百噸的重量居然可以克服地心引力在天空翱翔？真是太令人驚訝了！因此我開始攝影飛機構造、觀察模型、訂閱雜誌，甚至詢問空服人員等千方百種的方式，終於在我小學畢業前了解其原理了！儘管過程艱辛、所費不少，加上自己擁有的背景知識太少，我仍然對探索熱在其中！尤其是探詢出成果的那一瞬間，心中有股滿足的暖流湧上心頭，更是舒暢！

　　其實，我最想探索的是「自己」。想以一連串的自問自

答、觀察體會去找尋那個天賦的「我」。希望能更清楚明辨自己的好惡，渴望能找到一個明確的人生理想，從事更自得其樂的事業，大步邁向最終的目的地。我仍在探索，我仍試圖在黑暗中蒐羅出一個簡單的結論。

探索以狹義來說是人類從不懂到了解的過程，我將生命看作有著重重套套包裝的禮物，禮盒內是一個一個的小盒子，我享受著拆解緞帶，裡裡外外探索小盒子的樂趣。雖然我目前都只是汲取前人探索的成就，將來也要好好包裝自己，將自身的探索組成另一個禮物，敬送給生命！

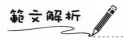

全文先由統體出發，次談「探索」定義，再簡略說明自己基因中的好奇成分；其次，再詳寫「探索飛機飛翔的歷程」，然後再「探索自我」最後收束於「生命議題」。全文由大而小，再由實而虛的寫法，層次感十足。若能多運用些修辭，必可使文章的精彩度加倍。

98學年度成功高中高三作文比賽

生命的路程中，大家總是風塵僕僕地一路前行，然而，有時卻不得不緩下腳步，稍作停留，只為等待。在你的生命中應該也有許多「等待」的機會，也許是等待公車

的到來，也許是等待約會的對象現身，也許是等待機會的
出現，也或許是等待夢想的實現。不論等待的對象為何，
等待時的心情必定是相當複雜的。

　　請以「等待」為題，書寫個人等待的經驗與心情，
等待的對象不拘，敘事、抒情皆可，惟不可以詩歌形式寫
作。

寫作步驟 121

　　以等待為題，書寫個人的經驗與心情，而文體以敘事
抒情為限，所以，以論說文呈現的，就不安全了。

　　要擇取一次經驗，必須注意這次經驗對一己的重要
性，重要性愈高，感染力愈強。如果隨便寫了一次經驗，
沒什麼重要性，那個心情怎麼可能被記錄下來？或者說，
那個經驗被記錄下來又能具有什麼意義呢？

　　同學們不可避免的找了「等待金榜提名」的經驗，成
績與升學，在人生路上，其實只有小小一點，對生命其實
並無太大的重要性。如果可以找到其他素材，務必避免。

範　例

等　待

李明剛

　　在風中，在雨中，我等著妳的出現，此時天色早已黯淡

下來。

　　路燈熒熒的弱光隱隱約約伸展在夜色中，儘管才值孟秋，但今夜卻顯得分外冷涼，我扛著漆黑厚重的鉛蓄電池，手提著太陽般圓輪的燈頭，獨自在深夜的烏來，找尋妳的嬌影。「今夜能相遇嗎？」我暗自忖度著，此時吹起一縷涼風。

　　只剩下手電燈還亮著，公路上人煙罕至之地，連兩排路燈都尚未架設，微弱星光惺忪地在遙不可及的夜空中閃著。我單獨在深寂的道路上尋找妳的身影。「今夜她會來嗎？」我暗自思考著。此時飄起霏霏霪雨。

　　小路滿佈的碎石顛躓難行，忽如其來的雨濕了頭髮。手電筒開始不聽使喚，燈光漸屏弱凋零，時而閃爍，時而熄滅。泥濘的泥巴路阻止我的前進。我隻身在深遠的小徑上尋覓妳的身影。「今夜妳會現身嗎？」我暗自祈禱著。大雨從另一座山頭襲來，我拽著溽濕的身軀，持續等待。

　　滂沱依舊，我搜索了每一片樹葉，找了每一根樹幹，望了每一個窪地，卻始終不見妳的身影。「今夜妳大概不會出現了吧？」我失望地，霎時，一個跳躍的身影：「是妳！是妳！」我內心欣喜的狂嘯著。久日不見的台灣樹蛙，妳嬌小玲瓏的身軀佇足在一片芋葉上，妳望著我，我也相對凝望著妳。儘管夜再冷；風再大；雨再強；路再長，這些辛苦都值得了和妳的邂逅。

　　頓時雨停了；風靜了；連燈也亮了。我悄悄地和妳道別，妳回我以無語，前方的歸途寬廣而通明。

　　今夜，我和妳的相遇為奇蹟，我默默和妳相許下次的相遇。在風中，在雨中，在等待中。

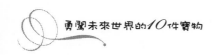
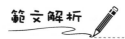

範文解析

時序與心情並列而出，文章極具層次感。各段以引號自問的設計，相當巧妙。以生物野地勘查實錄寫等待的忐忑之心，取材與文筆皆佳。

>>>>> 題目 8

95-1 台北學測聯合模擬考作文題

提示：

一、張愛玲「傾城之戀」裡，當白流蘇第二次去香港，范柳原在細雨迷濛的碼頭等她，一見她身上的綠色玻璃雨衣，就在她耳旁說：「你穿這樣就像一隻藥瓶。」隨後緊加一句：「妳就是醫我的藥。」我們並不知道白流蘇為什麼買、為什麼又會穿這樣一件綠雨衣？但這樣一件綠雨衣在這篇小說中變成了一件征服情海的衣，也是件讓女主角闖出一條生路的戰袍。

二、我們在挑選衣服時，可能都是在為一個美好時刻做準備吧！想為自己的人生創造美好的回憶，所以我們的衣服就是我們的心。

三、衣服是一種符號，就是脫離自己從前衣服的旅程。

四、一個人的成長過程，就是脫離自己從前衣服的旅程。

　　五、當我們穿上衣服時，便也是表達自我的開始，告訴別人我很有品味、我很有個性、我很成功、我很有錢……。節選自林文珮的「你就是醫我的藥」。

　　※以「衣服與我的故事」為題，書寫一篇結構完整的作文。

寫作步驟 121

　　「故事」的題目，其實寫的就是其上方詞語的主旨，所以「雨季的故事」，主題在「雨季」；「衣服與我的故事」，主題在「衣服與我」。「衣服與我」可以取自己的穿衣哲學為材，也可以描述自己難忘的、與衣服有關的事情。但是如果只是簡述「衣服的演變」、「衣服的象徵意義」，都是一種釋題的錯誤。所以，如果同學只寫成「我對衣服」的看法，審題錯誤，至於說故事說成了「幻想」，也算是取材走偏了。

　　同學們學會用傳說開端，這是好的嘗試，但是如果收束又回應，「或許那一天，神的榮耀回到人的身上，我們將放下皮相的限制。」這種說法真有語病，難不成是期待天體營就在你身邊？（其實真正的問題是，宗教可以提，但是不應該當成一種絕對正確的看法，因為那是信者恆信，不信者存疑的區塊）

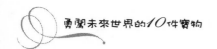

衣服與我的故事　　　　　傅長愷

自從亞當和夏娃初嚐禁果而用樹葉做衣蔽體之後，衣服成了每個人最不可或缺的一部分。從以前為了遮羞而穿衣，到現在變成了一種社會行為，衣服本身的故事已經說不完。

衣服是心的播報員，讓我的情感飛送到四周。當我心情好，我穿著運動型亮色系的衣服，這時的我，跟他人溝通無礙；當我心情低落，我穿暗色系的衣服，此時我眉如利刃，孤傲如狼。衣服同時也是身分的象徵，自古皆然：宋太祖黃袍加身，江州司馬一曲琵琶青衫濕，而我身上的制服，便是我的身分，每一場大賽結束，上台領獎，這一身制服是榮耀的身分象徵。

隨著我們細胞分化，經歷更多的事情之後，不僅代表外貌的外衣漸漸改變，連內心那件「內衣」也慢慢更替。

小時候，在可愛的「外衣」覆蓋之下，我是個人見人愛的小孩，彼時，「內衣」是件純白絨毛衣，備受大家的呵護；到了求學階段，我一身制服，埋首書叢，內心卻著一套飛行員的裝扮──渴望展翅高飛，對未來充滿憧憬。到了有家室之後，我天天穿著戰服，為自己的家庭浴血奮戰；內衣或許寫著「望子成龍，望女成鳳」，深深希冀自己的兒女也能有一番成就。當人步入中年，即使戰袍在彈林槍雨的摧殘下，片片剝落，那件內衣，企盼不曾減退。步入老年的自己，固然歷盡滄桑，但那擔憂牽掛的內衣，一件件褪下，換

上的是一件圓融通達的衣衫，此時的我，不受他人言語影響，不受他事羈絆，我的內衣，寫著「從心所欲不踰矩」幾個大字。

衣服在經緯間嵌著靈魂的氣味。舊的衣服被遺棄在後，人，會不斷往前邁進！我的軌跡，尚待轉彎；我的衣服，仍須調色，一旦我的這尾舵順利轉向目標，我的衣衫將是鮮明亮眼的霞光！

 範文解析

首段總提全文，次段以心情區分你與衣著，第三段以外衣內衣區分抽象與具象的衣服，設計十分有趣。文末的結語帶著對自己的要求與期許，收束得華麗。

 題目 9

97上學期高三作文比賽題目

許自己一個美麗的未來。

 寫作步驟 121

最開始需要做的工作是「審題」。這個題目最重要的是「未來」，所以如果取材牽涉到回顧，千萬不能佔太多

篇幅；其次重要的是「自己」，所以取材只寫「大家」如何，廣義而論，就跟題目「自己」沒關係。第三個重要的是「一個」，因而，如果寫了一大堆的夢想，又跟題目「一個」相違背。最後要注意題目中有一個「許」字，要「許」，要承諾，就要有步驟有實作，不能光做夢。

其次，同學們要注意，凡是題目抽象的，取材就要具象。

再來，有些同學對題目不認同，就在內容中「嗆題目」，這實在是沒必要的「反叛」，何必找自己的麻煩呢？有些同學一時想不起來自己要什麼未來，那就掰一個，千萬不要說「我沒有夢想，我不知道未來要做什麼」。

有些同學們凡遇到不知寫什麼的題目，就從解釋題目開頭，這個點子很棒，但千萬不要一解釋就解釋三段，這叫離題！

範　例

許自己一個美麗未來　　　　　林泓瑞

昨天下雨過後，操場的濕氣很重，籃球場上雨滴還沒有乾，待在教室看書的我，被鐵皮上清脆的叮噹水聲給敲斷念書的節奏，看著窗外，我看見昏暗的天空，希望它是晴朗的，如同希望我的未來，我希望它是明亮輕快的。

未來就掌握在我手中，耀眼如中天的豔陽，繁盛如東風

吹拂下的海，我從未珍視，是否人總是對自己擁有的東西不在乎，或許吧？但是我現在知道，我要把握機會，許自己一個美麗的未來。未來，這個看似遙遠卻又每分每秒與我擦身而過的字眼，我該如何去成就它，使它完美，使自己不遺憾呢？我想最重要的，就是珍惜它吧！

不要浪費每分每秒，大家都愛講陳腔濫調，我也不例外，只是我要讓它實際一點而非紙上談兵，一開始，我以身為學生角度去看視我的未來，就當下而言，當務之急就是唸書，唸書才能造就我想要的人生，我想要富裕的生活，我不要我老婆成為朱天文筆下的袋鼠族，所以，首先，我要規畫我的讀書計畫，了解我該唸的書有哪些，並執行它，最難的就是執行這個動作，我沒有父母可以督促我，我要靠著自己的定力或朋友的幫助去完成，悲慘地，兩種我都不足。加強自己的定力便是現在的我該去做的。給自己設定一個雖然遙遠卻是能力可及的目標，我用右手儀式般在左手寫上：台大化工，感受這股能量，似乎從掌心浮出，告訴自己：我可以。

年底的風多了那麼點書味，台北車站的溫慰街燈依然引領著書的伴者。唸累了，唸煩了，就停下來冷靜地思考，回到最原初的自己，回想最開始的自己要什麼，想要追尋什麼樣子的未來，而不是退而求其次，永遠給自己一個藉口，永遠都有一個藉口，連失敗時也是，那當初，又何必許自己一個美好的未來呢？

天空依然是昏暗的，但我知道明天是放晴的，說不定會有彩虹出現呢！我的未來就在彩虹的另一端——台大校園。

現在，我該唸書了。

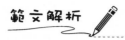

> 　　首尾以景象徵，頗為巧妙。將動作細寫的手法，如「我用右手儀式般在左手寫上：台大化工，感受這股能量，似乎從掌心浮出，告訴自己：我可以。」既細膩又有力量。

97高三下期中考作文

　　《論語》中曾經記載一則孔子對學生的特殊教育方式：孔子曾經感嘆地說：「予欲無言。」孔門弟子中最為機伶、善於言辭的學生子貢立刻緊張地問：「子如不言，則小子何述焉？」孔子此時從容地回答道：「天何言哉！四時行焉，百物生焉，天何言哉？」在這則故事中，即使是資優生子貢也不免落於言筌，擔心一旦孔子不言，便無從學習，但孔子反而藉此提醒了學生所謂的「不言之教」。人世當中種種事物，不論是日常生活的言行舉止，或是自然山林中的花木蟲鳥，其實都可以教導我們不同的道理。學習並不僅止於學校的教育，懂得放開心胸，便能有不同的收穫，如：莊子由庖丁解牛動作，領悟了養生的哲學；荀子由生活中的事物取譬，理解了為學之道；瓦歷

斯・諾幹以山為學校，由大自然中汲取人生的智慧。請由日常生活中的觀察，選取一件事物或經驗，以「……的一堂課」為題，抒發你的體悟與收穫，文長四百字。（加減五十字以內不扣分）

寫作步驟 121

　　看清楚題目，「請由日常生活中的觀察，選取一件事物或經驗，以『……的一堂課』為題，抒發你的體悟與收穫，文長四百字。」為必要遵循的要件，所以一定只能選取「一件」事物或經驗，而且一定要「文長三百五十字以上」。

　　所取的生活觀察事物一定要寫清楚，如此得到的體悟才不至於顯得太突兀；但是除非取例能全用優美詞語表現，篇幅不要過半。

　　個人的體悟與收穫，如果「有」，就是B等；但體悟如果太童稚、太一般，至多只有B——。（比如螞蟻身上學到團結，蜘蛛身上學到有恆，天啊，你在寫夏綠蒂的網嗎？）

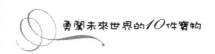

雨後的一堂課　　　　　　　孫翊軒

　　經過熾熱的夏日正午，頂著烏黑頭髮的雲朵聚集。小水滴們耐不住性子，以飛也似的速度往下降。轟隆轟隆的雷聲為它們的出場增添些氣勢。炎熱的夏季午後霎時成為滂沱的交響曲。

　　蘇東坡曾說：「月有陰晴圓缺，人有旦夕禍福。」世間萬物降落於塵世時，或許已註定各個坎坷的命運。走在人生道路如同高山深淵有峰有谷，往往在高點時會遭滑鐵盧。

　　傳奇人物蘋果公司董事長賈伯年紀輕輕就白手起家，創立蘋果公司，然而故事發展不如童話般美好，他居然在多年後因理念不合，被趕出自己創辦的公司。平地雷聲起，他更加上進，再度創建皮克斯動畫公司，不但成功搶下迪士尼的動畫市場，最後還重新買回營運困難的蘋果公司。人生的轉折像是豔陽高照的正午轉瞬間變成怒號的雷雨，然而，只要抱持希望，雨過天青後氣象必定更加美不勝收。

　　人生不如意事十常八九，但歷經挫敗不用氣餒，風水輪流轉，冬去春會來。狂雷暴雨咆哮過後，天空呈現剔透的水藍，大地拉起一座彩拱門，繪出雨過天青豔麗畫面。

範文解析

> 　　用景框裝理論，體悟有理有例，全文結構完善，取材豐足。

寶物七

回不到的從前

前言

　　人世間，很難求得絕對公平，除了時間。

　　上天造化給每個人一天廿四小時，一週一百六十八小時，每人等量齊觀，當時間被我們消遣掉，機會也受到致命傷害。想想，集權力財富於一身的英國女王伊莉莎白一世，嚥氣前最後一句話是：「我願以我所有的財產換回一分鐘。」不屈於金錢與權勢，你我手上擁有等量的時間，至於「等值」與否，則看個人如何運用自己被賜與的分分秒秒。

　　量子力學大師庖林，一生對精細化學作出完美表現，一舉成為連拿兩座諾貝爾獎得主，在一八八七年於倫敦舉行的頒獎會場中，他說：「我一生所得到的光榮，與我一直能妥善運用時間有密不可分的關係。」

　　心境因人有異，成就由人不同，因此，有人自認年屆中年萬事休，卻有人「老驥伏櫪，志在千里！」董其昌在廿歲才踏上書法之道，縱使較他人遲了多年，但靠著不懈的恆心，成就也是一鳴驚人。

　　義大利作曲家曼諾提，透過歌曲說著：「對我來說，地獄的觀念源於兩個字『太遲』。」在一切太遲之前，勤奮生活才不至於不斷後悔。因此，名畫家莫內得了眼疾後，更加勤奮於作畫，他的心態就是：「我拚命創作，想在看不見之前，把一切都畫出來。」

　　古往今來，沒有人能在與時間的競賽中贏得勝利，縱使英雄豪傑，「恨不掛長繩於青天，繫此西飛向白日」，仍然不得不在時光的洪流中化作灰飛煙滅。也就難怪有東方特快車之稱的職棒好手郭泰源，曾感慨地說：「人生就如一場球賽，球一旦投出之後就無法重來。」

　　問題是，與其感慨於時光的不長久，還不如把握不長久的時光，創造恆久的生命價值。我們能擁有的，就是現在這一輩子，就是現在這一分一秒。在用盡生命的分秒之前，最合宜的面對，就是勤奮與積極。

　　蘋果電腦的創辦人賈伯斯在治癒胰臟癌之後，與加洲史丹佛大學的畢業生分享人生經驗，他提到死亡是人的宿命，每個人所能擁有的時間一樣有限，所以，他常將自己的每一天都當成生命的最後一天，期許自己要「保持饑渴，保持愚昧」。永遠以自己是全然無知的身分全力追求生命價值，便是一種珍惜光陰的積極態度。

　　時間是一條河流，逝者如斯。展望未來，固然充滿希望，但是，人生最好的時候，就是現在，好好把握現在，才能瀟灑地走向未來，即使不能真正成就什麼，但至少可以沒有遺憾。

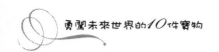

愛惜光陰類

 題目 1

98-1 台北指考聯合模擬考作文題

閱讀下列引文，回答問題：

蓋文章，經國之大業，不朽之盛事。年壽有時而盡，榮樂止乎其身，二者必至之常期，未若文章之無窮。是以古之作者，寄身於翰墨，見意於篇籍，不假良史之辭，不託飛馳之勢，而聲名自傳於後。故西伯幽而演易，周旦顯而制禮，不以隱約而弗務，不以康樂而加思。夫然，則古人賤尺璧而重寸陰，懼乎時之過已。而人多不強力；貧賤則懾於饑寒，富貴則流於逸樂，遂營目前之務，而遺千載之功。日月逝於上，體貌衰於下，忽然與萬物遷化，斯志士之大痛也！

請仔細推敲，寫出引文所要強調的主題。（文長100字左右）

寫作步驟

　　閱讀寫作有時要求「詮釋素材」，有時要求「書寫體悟」，前者要以素材為主，後者要以個人心得為主，閱讀寫作是大考作文的大宗，請務必弄清楚題意要求，看看題目要的是「評述」還是「心得」，兩者相距很大，千萬不可以越界。

　　本題題目要求寫主題，就不是要語譯，千萬不要只是節選幾句用白話書寫就算數了。當然，也請不要以「開頭，作者寫著……」的句法，如此一來，好像在賞析，只能算審錯題目。

　　本篇文章的主題在於**把握時光，努力創作**。針對這個主題，寫出首尾賅俱的短文。所謂首尾賅具，便是「主題＋個人看法＋結尾」（重述主題）。少了任何一個單元，都不算首尾賅具，一旦不完足，連 B 都無法達成。

範　例

陳家德

　　浮生若夢，轉瞬百餘年，多姿容顏、榮華富貴，死後什麼也帶不走。懂得惜陰的人，會以飛舞的墨跡跨越時光，勾勒出最耿直的文人風骨。那一篇篇存在靈魂的無價文章，便不朽地在後世發出影響未來的耀眼光芒。

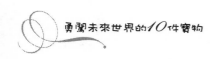
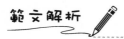

　　引文的主旨即是珍惜光陰，努力創作。本文以精緻造語，精準呈現主題。

96-1 台北學測聯模題目─引導寫作

　　青春是人生的一段時光，青春是心情的一種狀況。青春是柔美的身形，朱紅的雯，粉嫩的臉龐。青春是鮮明的情感，豐富的想像，向上的願望，像泉水一樣的清冽與激揚。……青春充滿各種可能性，使人充滿期許與盼望，對你來說，青春是什麼？請以「青春」為題，寫作文章一篇，文長至少500字。

　　虛題實寫，實題虛寫，這是一種取材的原則。

　　如本題為虛的題目，必須實筆書寫，才能落實；如果全由虛幻的歌頌、禮讚完成，取材固無不當，但若造語不夠美，聯想不夠獨特，恐怕分數也不會太高。

　　既是虛的「青春」，同學們可以由「青春像什麼」開始思考，然後，青春可以成就什麼、失去青春的可

惜……。最後，放射地思考後，別忘了要先有主旨，不然，東拉西扯，全無結構，可就糟了。

同學們必須知道，記事愈細膩，內容愈能感動，所以只寫「我們組樂團，看電影，四處打網咖」這是一種浮光掠影的寫法，只是舉例，不能算「記事」。比如同學們寫登山的事，寫出旅程中的景色「一隻隻翩翩飛舞的蝶，一聲聲宛轉的鳥鳴，每每帶給我們驚豔，夜晚滿天星光之外，更有螢黃的亮點穿梭草叢。」這才是細膩。

範例一

青春 洪躍聞

青春是上天給的一段時光，此時的我們精神旺盛，最有能力儲存才智，最有能力憧憬未來。

「沒有一顆在天堂的星星是我們摘不到的」，看完音樂劇歌舞青春後，這句歌詞便一直縈繞在我心頭，每當往目標前進卻遭遇阻礙時，它便在心中響起，持續激勵我──不論困難多大，不斷努力一定摘得到夢想中那顆星。

那是炎炎夏日，當年級檳硬生生躺上三檳，教室搬遷到最神聖的地帶，各科大小考降臨，黑眼圈成了每日的新妝，原來這就是高三。回想起高一的歲月，似乎現在該蒼老的都蒼老了。當時，無知的吃著國中老本，功課算過得去，天天做春秋大夢，似乎前程似錦可以全由幻想完成。升上高二，排山倒海的課業，一點一滴吞噬了我，和分數的貼身肉搏戰

使得我體無完膚，被期許和玩樂心拉扯的拔河使我左右擺盪。直到高三上學期第一次試煉證明：我虛度了光陰。只是被虛度的已被虛度了，又能如何？

以前讀到「拉塞福提出原子模型」、「雷文霍克以自製顯微鏡發現微生物」等，總有那種冀望期許自己也能像他們一樣發現某個現象。這些有著顯赫成就的科學家，都是從青春時期開始奮發，在最有創造力的青春時期開始築夢。於是，即使高三時期，我被新舊進度整得不成人形，被考試壓得喘不過氣，心中仍哼著那句歌詞。

有人說青春該有轟轟烈烈的戀愛，有人說人不輕狂枉少年。個人想法沒有優劣之分，我只知道，我要善用年輕時光，儲存才智，如此才能達到我憧憬的未來。認清事實做好能做的準備，配帶堅毅和自信上場，這場終極的殊死戰，我會奪得滿堂喝采。

範文解析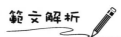

> 　　取材既有個人高三的生活詳寫（第三段），也有對於其他人文戲劇的取用（第二段），可謂詳實。全文首尾呼應，取材具體，青春不再虛幻。

青春　　　　　　　　　　　　張文睿

　　青春是一川激流，發源自夢想的山谷間。已脫去雨水稚嫩的柔弱外衣，襲上一身莽撞的苔綠，朝前方未知的河道狂馳而去。猛獸般的速度快得連河床上的足跡都跟不上自己，使恐懼拋諸腦後的是豪氣中引以為傲的許多夢。

　　在青春這道急水中，如沙金般珍貴的是百朵在少年心中盛開的願望。年輕人或許有些無知，沒有經驗、缺乏常識，但前方是一片未知的土地，當然能夠燃起與眾不同的好奇心與野性十足的衝勁。未來是否崎嶇不平？志向是否遙不可及？旅途是否孤獨難耐？轉彎之處是否處處潛伏危機？所有問號比不上嘗試來得重要。

　　我曾在藍色大門裡讀到：「我試著寫出Ｎ種結局，卻發現，媽的，青春這回事永遠都寫不完。」我依然青春，我的青春還沒有走完，但卻也已能體會那無盡種類的燦爛了！

　　然而迎頭撞上巨石難道真的無所謂？失足墜落瀑布真能全身而退？激昂的士氣在實現夢想的過程固然重要，但智謀的學習亦不可輕忽。沒有永遠直順的河道，不過曲折迂迴的頗多，路上圓柔小巧的鵝卵石不常有，力量無法擊垮的山岳總林立兩岸。不可勝數的困難險阻在智慧化險為夷之後，使年輕的動力得以發揮至極限，對於夢想的執著不會因挫折的傷口而減損。

　　青春這威武如獅的急流，於展現魅力之餘，也在奔馳

的路上學習，智慧成熟的它靠近目標，抵達心目中夢想的海洋。我不害怕青春殆盡，我選擇活在當下，在故事結束之後，在生命結束之前，永遠會有下一個夢想等著我去追逐，下一個世界等著我去明瞭。在這張稿紙上寫下的，是我就算苦澀，卻也最美的青春。

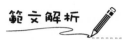

> 全文掌握「青春是一川激流」而寫，譬喻從首貫至尾，語意凝鍊。文中充溢個人對青春嘗試的無悔心態，實在有青春無限的美感。

93學年度成功高中高三第一次段考作文題

孔子曾感嘆：「逝者如斯夫，不舍晝夜。」有人在年輕時漫不經心地過日子，年老時才後悔蹉跎了大好時光。但是時光是不可能倒轉的，生命的列車只要一出發，就不會停下來，我們也不可能在中途下車去追回已消逝的時光，請以「人生只有單程票」為題，寫一篇作文，去思考自己該如何面對生活，決定好自己的生活方式，並竭盡全力去達成。（文長300字左右）

寫作步驟

當眼前看到的是一則「引導寫作」時，可不能抓了題目就開始寫，請耐心閱讀引導文字，確定題目設計者期望的內容有哪些，才不致因審題失當而做白工。比如今天這個題目，不但要寫出「生命的不能倒轉」，要寫「珍惜光陰的重要」，更要寫出「個人如何面對生活、決定生活方式的自省與自期」，如果這部分付之闕如，那麼題目只寫對了一半，審題只審對了一半。

題目要求的「人生仿如一張有去無回的單程票，想要自信、無憾的走過有賴全方位的人生規劃。」所以個人的人生規劃自然可以天馬行空的發揮，只要繞著「把握時光，活出精彩生命」的主題，同學們不論寫「積極開發自己」、「努力成就自己」，都是很切合的主旨。

範例一

人生只有單程票　　　　　　　　曾子豪

人的一生就像一趟火車之旅，一個單程票的遊戲規則。你可以選擇搭什麼車種或是在哪一個月台上車，但是當你坐上車時，只有終站沒有中途停靠站。

你可能是車長──肩負責任的智慧領導者；可能是客服人員──滿腔熱誠又有能力的貢獻者；抑或是形形色色的乘

客——追隨者。不論你是什麼角色，都有其存在的價值與必要性，各司其職才能創造和諧。我現在是那形形色色的乘客一員，隨著巨輪轉動，我要把握旅程中的點點滴滴，跟著進步，希望有朝一日我也能成為眾人托付重責的車長。

在車還未抵達站前，我會沿著我選擇的這條路踏實的走下去，因為我相信「面對陽光，陰影只會在你的背後」，更相信自己參與的是一趟值回票價的旅程！

範文解析 ✏

> 1. 角色扮演的角度很有趣，對個人的期許符合題旨。
> 2. 周全針對題目要求而寫，既寫生命只一回，也寫個人的生命安排。

範例二

人生只有單程票 　　　　　　蕭文雄

時光飛快，三十年往往只是一眨眼而已，所以詩人說：「花開堪折直須折，莫待無花空折枝。」前人的教訓，我們當謹記。

在《半生緣》中，原本的情侶經過幾十年的物是人非，再次聚首的他們，已如不同世界的人；最後，她對他說：「我們回不去了。」金庸小說《飛狐外傳》，胡斐的那一刀，

最後到底砍下還是放下？人生的道路如同樹枝一般，分岔眾多，如果用數學計算，恐怕有二的好幾次方呢！所以人們往往立在交叉路上徘徊不前，不知所措。

所幸的是，上帝賦與每一個人自己的獨特生命之路，精彩與否，端看個人造化。相信自己選的路是最好的那條，然後勇敢地走下去吧！

範文解析

1. 以兩部小説為例，極力寫出生命下抉擇必須的謹慎，取材甚是搶眼。
2. 末段「愛己所選」及「勇敢」的期許，很有激勵作用。
3. 首段引語曝光率太高，為一缺憾！或可以用「花有重開日，人無再少年」或「人事有代謝，往來成古今」等較少人使用的詩句。

題目

84 年夜大聯考作文題——歲月的痕跡

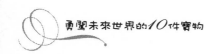

寫作步驟 *121*

命題作文是最早的作文型態。沒有引導，沒有說明，大喇喇的幾個字，學生必須由此推衍出一篇首尾賅具的文章，曾經是新式作文出現之前，學子們的大慟。可惜，在限制式作文出現後，學子們對作文的抗拒仍然未有絲毫減少，可見得，問題不在題目，而在於學子們對語文表達的抗拒。

新式題目給的任何說明，可以是一種引導，也可能是一種限制。因此，一旦回歸最傳統的命題作文時，反而是一種解放。

「痕跡」是具體的，「歲月」是抽象的，這個題目可以寫出所有「時間造成的具體痕跡」，也可以寫因為時間而呈現的「抽象成果」。痕跡可以是好的，也可以是不被喜愛的，端看寫作者為這篇文設定的主題而定。

範例一

歲月的痕跡

楊振楠

日記上記載的點點滴滴，老人頂上皚白銀絲，智者臉上生動的皺紋……，每一樣都代表著歲月的痕跡。每當翻開日記，就彷彿看見以前的一切事物歷歷在目。想想以前，看看現在，有些惆悵也有些自得，帶給我多般情緒的，不啻是歲

月的痕跡。

　　「對酒當歌，人生幾何；譬如朝露，去日苦多。」這是一代梟雄曹操對人生苦短所抒發的感想。想要在這稍縱即逝的時光中攫取時間，來為人生這塊無邊無際的畫布構圖、上色，我想，如果人能夠盡情地在人生畫布上創作，那便是人生的一大目標。

　　子曰：「逝者如斯夫，不舍晝夜。」人生就像一條景色變化快速的道路，我們開著車往不同目的地駕駛。雖然過去的美景抓不住，但只要記憶永在，船過水痕依然留在內心深處。

　　留神我們在歲月中留下的痕跡，是我們在人生中必須全力以赴的志事。在你我都還年輕的當下，努力充實自己，為未來的自己留下美麗的痕跡，不悔的記憶。

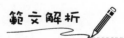
範文解析

　　造語精美，可惜絕大部分說理的取材，略欠踏實感。或可加入「立霧溪旁的奇岩怪石，是河水千百年來沖刷琢磨的痕跡；河畔老松的樹幹，有著數不盡的春夏秋冬畫上的年輪」的物例。

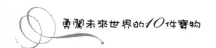

歲月的痕跡　　　　　　　　　　　　陳宗緯

　　時光就像流水一般，靜靜地流轉，靜靜地推移，在它流動的同時，巧巧的侵蝕出一條河道，日積月累，從一條小涓流，慢慢地拓展成一浩大的巨河，河岸邊所留下的，是一道道河水沖刷過的痕跡，是歲月所留下來痕跡！

　　歲月使人成長，使物凋零，時光所帶來外觀的變化，是顯而易見的：樹木老去後開始腐朽、凋零；動物行動和體力開始變得遲緩；古老的遺跡逐漸遭侵蝕而破損……，有些歲月的痕跡卻未必能以肉眼看出。

　　年老的賢者經年累月所醞釀出寶貴的智慧，時光移轉帶給青少年心智的成熟……，時間的催化往往增添人物內在的意義和價值。知名女作家張曼娟說：「青春不是逝去，只是遷徙。」的確，歲月並不會白白逝去，它將會留下深刻且迷人的痕跡！

　　英國有一句諺語：「再鋒利的刀子，也會因歲月洗禮而生鏽。」對萬物的形體，或許是真理，但我相信在我們的利刃生鏽之前，在我們的肉體毀滅之前，必能劃出耀眼的光芒，成就完美的歲月痕跡。

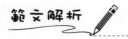
範文解析

> 　　由物例著手，先談河道，再寫樹木及遺跡，最後才推衍到人的歲月，層次表現具有特色。

99學年度台北市成功高中課堂練習

　　李白曾經悲歎著時光易逝，他說：「君不見黃河之水天上來，奔流到海不復返；君不見高堂明鏡悲白髮，朝如青絲暮成雪。」琦君曾在〈髻〉一文提到：「這世界究竟有什麼是永久的？」你認為，人生有什麼是永久的？還是事事物物都是短暫不恆永？請自行命題，寫出一篇首尾賅具的文章。

寫作步驟 *121*

　　由引導文字可推知，這個題目要學子想的，正是「光陰」這個議題。我們所處的世界，總是被無常所引導著，光陰這個魔手，魔性顯現在各個境界之中。易感的人，為時光流逝而一無所成而傷慨；樂觀的人，相信在時光的琢磨之下，總有些成就可期。

　　這個題目，必須自己先有一個定見，然後再依這個

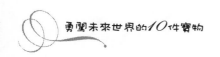
想法推衍成文。固然，樂觀的角度比較吃香，但悲慨的角度，如果情感真切，文筆精鍊，也無不可。

寫在風中的永恆　　　　　　　　　　林彥成

　　自古以來，人的生命在巨大長河中，只是短暫過客。楚漢的劉項之戰，三國的爭鬥算計，甚至是胡漢歷經幾千年的糾葛，最後只是人們飯後話題。《紅樓夢》好了歌：「世人皆曉神仙好，只有功名忘不了。古今將相今何在？荒塚一堆草沒了。」世事變化何其之大！

　　秦始皇統一六國創建不世功業，最後病歿，秦朝只持續十五年。項羽這英雄，一生意氣風發，最終落得四面楚歌。威猛的大唐帝國今日何在？強大的羅馬帝國今日何在？我不能不痛心感歎著：宇宙間，似乎真的找不到永恆。

　　這世上沒有永恆的事，再大的石頭也會變成海邊的小沙粒，我們賴以維生的太陽，也有能源殆盡的一天。然而，果真如此嗎？春秋時的孔子，引導人間世的種種想法，存在數千年，那些意念是永久；西方世界的雨果，以文字書寫的人間真情，存在數百年，那些成就是永久。人世間仍具有永久生命的，正是成就：蘇格拉底活在我們的言語中，高斯活在我們的數學公式裡，哈柏潛藏在無窮的星塵。他們以認真燃燒生命，留下永恆。

　　在夜已闌，燈如豆，書在袖的時分，李白一個不經意的

回眸，映入眼簾的是明月灑地的景象，他將墨水摻了惆悵，用客宿異鄉的心切，寫下「靜夜思」。而今，我輩仍在「望明月」，那是永恆，即使寫在風中。

範文解析

> 　　先由抽象的功業名利沒有永恆談起，接著談著物象也沒有永恆，乍看已是「沒有永恆」的支持者，卻在第三段一轉，寫出有些永久存在的東西，比如哲學，比如學術成就。接著以李白寫「靜夜思」的摹景，寫出人世間總有「永恆」。所謂「寫在風中的永恆」，意念或許模糊，但境界極美，似乎有自己也不能明確認定的感受。

>>>>> 題目 6

98-2 台北學測聯合模擬考作文題

　　莎士比亞曾說：「時間會刺破青春的華麗精緻，會把平行線刻上美人的額角，會吃掉稀世之珍，天生麗質，什麼都逃不過他橫切的鐮刀。」

　　請仿造莎士比亞的筆法，也以形象化的方式來定義「時間」，文長60字以內（包含標點）。

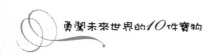

寫作步驟121

　　題目要求「仿寫」，同時也要有「形象化」，依莎翁的文句，似乎比較負面，同學們可以仿成正面，但所寫形象不宜正負差距變化太大。也要注意，意象不要不統一：「時間是構成宇宙的基本元素，是科學實驗中不可能的反應，是無盡延伸的江川，是單向的電扶梯。時間是疾速奔馳的囚車，禁錮著旅客的命運。」

　　正式作文，答案千萬不要太KUSO，如：「時間會在眼角邊為我們養上幾尾肥美的魚。」至於有些同學只更動莎翁語句小部分，那算抄襲。要依照句法，又要不抄襲，其實走「反向思考」就可以。

　　至於時間最常見的「水」的意象，就又太八股，不易得到青睞。

範　例

　　※時間是雙面刃，一面摧殘，斬去美好的青春年華，一面創造，在萬古洪流中開展生機。（孫健瑋）

　　※青春時期，時間使你蛹化為豔麗的蝶；中年時期，時間使你的存款如指數函數成長；老年時期，時間是不知何時落砍而下的那只利刃。（連柏鈞）

　　※時間永無止盡，會染紅樹梢上的枯葉，會折去青春的

羽翼，會吹熄蛋糕上的蠟炷，會轉換十字路口的號誌燈。最後，它為我們覆上生命的墓土，終結我們的旅程，繼續它的行程。（陳永立）

※時間會綠了堤上的柳，喚醒冬眠的熊，替人們嘴角畫上微笑；時間會紅了街上的楓，沉寂鳴叫的蟬，為人們額頭刻上深紋。（余維祥）

※時間會染白爸爸的頭髮，會病瘻媽媽的身子，會讓姐姐更美麗，會增進我的閱歷，宛如大魔術師一般。（王鈞平）

※時間會脫去我們童稚時的混沌無知，會一視同仁地在每個人的心中一層一層地釀著獨一無二的智慧。這是它送給每一個人緩慢才能體悟到卻彌足珍貴的重禮。（李東哲）

※時間是川流不息的長河，會磨蝕年少的輕狂，會沖淡中年的壓力，最後引領我們走向沉穩寧靜的大海。（陳彥翔）

※時間的手，既巧妙又殘忍地留下印痕，它可以豐富世界，可以衰亡生命，可以留下歷史，可以創造未來。（葉上揚）

※時間是一個古怪的藝術家，不斷有新的作品創造，又不斷銷毀之前的作品。不論有形或無形的成品，只要出現，幾乎最後都會消失。（何善良）

※時間是一滴滴沉默的流，滴穿了青春的石，侵蝕了胴體的膚，它悄悄地帶走了所有，唯一沉澱的，是髮間無數的斑白。（洪啟洋）

※時間有一把巨鎚，會將莫邪干將的稀世寶劍擊成一支廢鐵；也能將叱吒風雲的拿破崙壓成歷史中的一格圖片。（鄭辰彥）

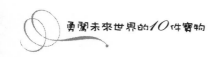
　　※時間擅長跑馬拉松，跟著你的人生一起漫遊，等到你累了，你停了，他依然勇健前行，讓你望塵不及。（戴成璿）

1. 譬喻不宜用太負面的想法。如：「責任是欺騙小孩的童話故事，快樂結局往往是紙上的幻影。」

2. 少了美感，效果打折。如：「渴望是狗身上的虱子，當它在身上作亂時，狗兒什麼醜姿態也做得出來」。

3. 太玄妙虛幻，便失去譬喻的用意了。如：「寬容是水，將他人對你的過失化解，化解了他後，你也得到了它，它將永存在心，引以為鑑。」

▶▶▶▶ 題目 7

93-2 台北市指考聯合模擬考作文題

　　萬事萬物皆有個起源。科學家說宇宙的最初是渾沌，神學家說最初是上帝創造了萬物。最初除了難以解釋，也讓人充滿期待與驚嘆：父母都希望親眼看見小孩踏出第一步、親耳聽到第一聲呼喊；我們期待第一朵花的誕生宣告春天的到來，也興奮於第一場飄下的瑞雪；跨年時要擁抱最初的曙光，而初戀的滋味總是難以忘懷。

　　請你以「**最初**」為題，寫一篇文章，文長不限。

寫作步驟 121

　　「文長不限」的文章，如果佔了20分以上，那麼就必須以三段及600字起跳，不可以不重結構！

　　其實最初是「THE FIRST BEGINING」，未必只是「第一次」，這個最初應該有「持續」的動態。

　　可以由大我的「最初」，他人的「最初」寫及一己的「最初」，這樣才能讓取材豐富。

範例一

最初　　　　　　　　　　　　　　　　　　　李子傳

　　萬事萬物皆有個起源。考古學家推測最早的生物為藍綠藻，達爾文則說人最初是隻猴子。最初也充滿期待與驚嘆，當初生的小孩叫爸爸時，為人父的感動；期待冬天過後第一隻破土而出的蕭竹，也興奮於零度時瘋狂上合歡山迎接人生第一次的降雪；在阿里山露營時爭先恐後觀賞迷人的曙光。

　　「最初」有時是種巧合，有時是天意，有時是經過勤奮不懈的努力。「最初」有時可激發民心，改變時代，如秦末時，陳勝、吳廣率先起義，才讓後來的項羽、劉邦能徹底推翻秦朝。「最初」可以使科學起飛，若沒有哥白尼的天體運行說，伽利略的觀測天體，牛頓又怎能站在巨人肩上向前瞭望？「最初」可能也是種天意，若當時沒有西安事變，沒有

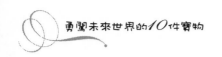

法國大革命，現在世界的脈動又會如何？節奏和步調又如何呢？

　　最初也攜帶著挑戰與榮耀。中世紀時，當哥白尼抵抗神權訴說真理——地球是圓，殺身之禍的挑戰如狂潮襲來；當中國胡適提倡白話文時，守舊人士的批判砲火如流星雨般砸下。最初是富有挑戰的。當哥倫布勇往航行於海上，終於第一個發現洲新大陸時，榮耀伴隨著他而凱旋；當牛頓研究出萬有引力定律，成為第一個發現者，他永遠不會被世人遺忘。

　　人們不停的在時代的巨輪轉動下創造屬於自己的最初，人們也不停的從他人的最初中獲得寶貴的經驗。在這日新月異，瞬息萬變的世界中，沒人知道下一秒你會為自己創造什麼最初？而你的最初又會引發什麼連鎖效應？牽一髮而動全身的渾沌效應，在時間與空間的交錯編織下，引領著人們創造「最初」的開始。

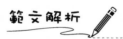
範文解析

> 　　先以人我皆可擁有的最初入手，再擴大到榮耀與挑戰力十足的「最初」史例，最終理論結語，收束得宜。

最初　　　　　　　　　　　　　李天航

　　起草時總要有個起頭，是說理？是抒情？在繪圖時也要有個構思，是奔放？是柔美？西方哲人亞理士多德曾說：「最初只要差真相毫釐，到頭來就會差之千里。」因此最初是萬事的起點，是實行前的規劃，更是踏上人生之路前的籌備與推演。所以要在人生中闢創出一道坦途，須看我們是否能把握最初，篤志力行。

　　樂羊子在出遊求學之時，因一時思鄉而返，其妻憤而剪斷新織之布，責備他豈可忘記當初之理想。西晉王獻之少時不習書法，整天遊蕩，然而在受到扔餅老婦啟迪之下，痛定思痛，刻苦自勵，而終能與其父齊名，成為「二王」。荀子曾言「騏驥一躍，不能十步；駑馬十駕，功在不舍。」金庸筆下郭靖愚笨過人，人練武一朝，他卻需十日，可是他卻在華山論劍之時技驚四座，轟動武林，證明了即使資質輸人，但倘能持之以恆，也是有揚眉吐氣之時。

　　「為山九仞，功虧一簣」，從前吳、越二國爭戰不已，吳王夫差重用武子胥，大敗吳軍，可惜在勝利到手之後，得意忘形，日日笙歌。越王日夜臥薪嚐膽，十年生聚，十年教訓，後來東山再起，盡洗前恥。因一時的甜頭而功敗垂成，留下的就是滅國之害，我們應以此為戒。

　　非洲的豔陽比不上千禧年的第一道曙光讓人期待，結婚的甜美比不上初戀讓人心動，各式各樣的最初總是令人印象

深刻，永不忘懷。亞歷山大在征服了歐亞非大帝國曾說：波斯、土耳其這些強國比不上他年輕時攻打羅馬小村困難。一個人或許會不斷邁步向前，但未來的驚濤駭浪，卻不如人生中的第一條小水溝，簡單的第一次，是最基本的經驗值，誘使我繼續走下去。

在童年的夜空有最初的流星傳奇，在少年的夢想有最初的待放蓓蕾，人生不停尋找下一段最初，在最初的潤澤中萌芽，在最初滋養中茁壯，尋找夢中的最初。堅持自我，莫忘初衷，實是我們成功的不二法門。

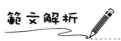
範文解析

> 全文善用例證，文氣充沛，第三段開始由事轉景，由人轉入自我的層面，使得每個走過的「最初」都成了無法磨滅的寶物。

>>>>> 題目 8

97學測作文題

雖然時光一去不返，但人們偶爾還是會想像回到過去。

有人想像回到從前去修改原先的決定；有人想像回到事故現場阻止意外事件的發生；有人想像回到古埃及時期，影響當時各國間的局勢；有人想像回到戰國時代，扭

轉當時的歷史……

　　請以「如果當時……」為題（刪節號處不必再加文字），寫一篇文章，從自己的生命歷程或人類的歷史發展中，選擇一個你最想加以改變的過去時空情境，並想像那一個時空情境因為你的重返或加入所產生的改變。文長不限。

寫作步驟 121

　　以考題而言，這是一篇很多陷阱的題目，比如題目不能增字，比如只能設想一個時空，而且必須有所改變。學生行文的重點應放在發現問題，如何看待問題、如何提出對策，以及如此改變之後會有什麼好的轉變。但重點不該放在回到歷史情境的感覺，或是歷史事件現場的鋪陳，而應聚焦在「你如何改變」。

　　取材上可以小至自己的生命遺憾，或大至國家社會、人類的歷史發展，千萬記得，一定要有所改變。

　　這個題目測試學生如何以今日之眼光，重新看待個人生命或歷史發展，尤其重要的是學生提出如何改變之道，並且證明此方法有效。在國文範文中，〈教戰守策〉、〈六國論〉、〈諫逐客書〉、〈縱囚論〉、〈過秦論〉等課文，都是對當時或過去的事件提出的批判思考及對策。

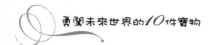

如果當時 廖浩然

　　我一生中做了無數個人生選擇題，有滿意的，有正確的，當然也有不捨及後悔的，有些題目是填了答案便無法更改了，很不幸地，我做錯了一題。

　　幾年前，阿公生了場重病，聽爸爸講，我剛出生便是由阿公阿嬤帶大，模糊記憶中，依稀看得到阿公幫我修理玩具、牽著我去參加廟會的模糊畫面。長大後，父母離婚，我跟著媽媽，與阿公阿嬤的交集變得少之又少，阿公住院時，爸爸打電話來要我去看他。但當時我拒絕了。再見阿公時，已是冰冷的屍體了。爸爸說，阿公斷氣前，還一直問：「嘎咕呢？」喪禮上，葬儀社要我把花放到阿公身邊，花放下時，我的手與心一樣，都被寒氣懾住。

　　如果當時，掛上電話的我，二話不說立即動身前往醫院。我會握著阿公的瘦削的手，側身聆聽他跟我的交代，不論他交代什麼，我都會點頭，都會誠心說好。我會留在他的身邊，即使他的呼吸急促得令我想要落淚，我也會強忍淚水，讓阿公隨時看到我都是微笑著臉。直到心電圖最後不再跳動，只呈現一條直線；直到阿公的手無力的軟垂而下，我才會准許我的淚水奔流而下。

　　當時，如果我沒有拒絕爸爸，阿公就能走得不帶遺憾，當時，如果我沒有拒絕，現在的我也不會有遺憾。現在，我定時打電話給阿嬤，珍惜家人，我不要再做錯第二題。

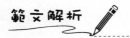

範文解析

　　前兩段直寫自己的遺憾，第三段寫如果回到當時，個人的作為，最後以這個遺憾為警戒，重新調整個人生活態度。歷史能帶給一個人最大的協助莫過於此啊！

寶物八

我來，我看，我臣服

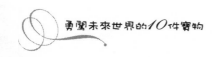

前言

　　孟德斯鳩是政治學及政治理論的重量級人物，他在名著《論法的精神》序言記載著：「我首先研究人。」觀察古往今來的眾多人物，有些令我們學習效法，有些只能成為負面教材，讓我們知道「自己不要成為哪一種人」。

　　在美國南北戰爭之前，約翰布朗就開始他的廢奴運動。自身是白人的他，為了黑奴的自由不惜對抗自己的政府。他以「一個人加上帝，就能扭轉宇宙」的信念，嘗試扭轉宇宙。後來在一場戰役中，他被活抓，最後被判處絞刑。當時，即使遠在法國的小說家雨果，也曾寫信要求聯邦政府釋放布朗，雨果稱布朗為「再臨基督」。美國哲學家愛默生則說：「他受苦，將使絞刑架發光，如同十字架般。」這個很小的一人力量，突破了的歷史，乍看失敗的舉動，卻突破了歷史，轉變成人道的原則。因為這一個人，發生了南北戰爭，扭轉了北方眾多人的想法，不僅鼓舞北軍士氣，更達到解放黑奴的神聖使命。

　　詩人卜倫在探索詩史之時，提到每個詩人都是一個原型的伊底帕斯，必須經過弒父的儀式才能完成自我。詩人所弒的父，是對他影響最大深的前輩。跳開這種令人驚駭的說法，前輩詩人的風格原是後輩們學習的對象，最後卻成了「不自由」的來源，因此，每個新生的「我」都必須擺脫這種影響，抑揚起獨立的聲音，完成獨立的自我。

維多雨果在二十歲宣稱：「我將是一位夏多布利昂，否則就是一個廢人。」在雨果的年代，夏多布利昂是個值得模仿的對象，然而雨果的成就，更遠遠超越這個曾被他列為偶像的人物。「明星咖啡屋」中，當年那些在這裡思考、聊天、寫稿、編雜誌的青年人，曾經掀起過現代詩及現代小說的新世代，而今或許是「俱往矣」，然而，每位期望自己生命具有價值的新生代，要他人「但看今朝」之時，也必須從「研究人」開始著手。

人是靠觀念決定怎樣生活的，觀念的建立來自於閱讀，閱讀書籍，閱讀生活，最重要的是閱讀「人」。好的閱讀必然開發出更明確的人生觀，將自己對未來那種灰色的模糊的不安，轉變成抬頭挺胸的肯定。

生存於群體之中，難免有身如傀儡的困窘，文化說怎樣，氣風說怎樣，似乎是一條一條繫綁在我們關節上的繩索，指引我們該怎樣做，該怎樣說。人心每一處都是謎，每一處都藏有答案，唯有我們認真的思考，明白哪些是我認同的，哪些是不必在乎的，我們才能成為獨立自主的靈魂。透過深究他人言行的思考，我們的生命儼然配額無限。

人類歷史無可避免於，每個領域都發生簡單且普遍的重複，我們的不安可能與屈原相仿，我們的快意可能與李白雷同。觀察他人、探索他人、學習他人，使自身擁有足夠利器，迎向廣大、真實的世界。

人物評論類

97-3北聯指考作文題

閱讀下列三段文字後作答：

　　子路曰：「桓公殺公子糾，召忽死之，管仲不死。」曰：「未仁乎？」子曰：「桓公九合諸侯，不以兵車，管仲之力也。如其仁！如其仁！」《論語・憲問》

　　子貢曰：「管仲非仁者與？桓公殺公糾，不能死，又相之。」子曰：「管仲相桓公，霸諸侯，一匡天下，民到于今受其賜。微管仲，吾其被髮左衽矣。豈若匹夫匹婦之為諒也，自經於溝瀆，而莫之知也。」《論語・憲問》

　　子曰：「管仲之器小哉！」或曰：「管仲儉乎？」曰：「管氏有三歸，官事不攝，焉得儉？」「然則管仲知禮乎？」曰：「邦君樹塞門，管氏亦樹塞門；邦君為兩君之好，有反坫，管氏亦有反坫。管氏而知禮，孰不知禮？」《論語・八

佾》

　　孔子曾經大大的讚美管仲，但在另外的場合卻又有所批判，試分析孔子對管仲評價的前後不一致理由為何？（文長以300字為限）

　　請務必看清楚題目問什麼，本則重點不在各段的翻譯，而是說明「孔子對管仲評價的前後不一致理由」，所以，先把理由說出，比如「孔子對管仲有正負評價，因為由不同角度切入。」再由三段文章中內容為例，佐證此理由即可。

　　其次，即使是短文，議論要有首有尾的格式依然要遵守。凡是有首有尾的內容，得分必定比有頭無尾或有尾無首的文章來得好。

　　而所謂300字為限，指的是最多三百字，似乎少些字沒關係；其實要把議論說清楚，字數絕對不能少。

　　最後，古文看不懂的部分，不要強做解人，如果解錯，反而被看破手腳，更麻煩。

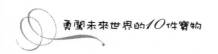

褚偉泰

一個人的成敗與否，不能以一次行為界定，應該更多角度且客觀地來判斷，更要考慮這行為的內在意涵。召忽死而管仲存，表面看似不仁，但管仲最後協助桓公九合諸侯，使得百姓得利；管仲輔佐桓公，表面看似不義，但使桓公稱霸天下，免異族的統治，造福天下蒼生。這是孔子肯定管仲的層面，然而管仲不禮與不儉，未具任何正向意義，這也是孔子批判管仲的角度。管仲在歷史上本是個受爭議的人物，孔子看透世間真理，給予管仲客觀且正確的評價，非常難能可貴。我們宜仿效這個精神，在判斷事物上多了一份準則，使其結論更加合理化。

範文解析

全文有總提，有個人可學習的原則，能符合評論內容的要求。短文能以映襯手法強調文意，更佳。如果能在取例上更周全，必更佳。

範例二

吳彥

　　孔子讚揚管仲，因為他使天下免於兵車之禍。管仲幫助齊桓公一匡天下，使天下人民免於戰亂，得享和平，這樣的功績，使孔子這位儒學大師極為欣賞。畢竟，儒家學者以拯救天下、造福百姓為己任，真正能達到這個目標的人極為少數，所以管仲自然值得讚美。不過，管仲在生活方面的豪侈，又令孔子鄙視。勤儉，是自古頌揚的美德，所以管仲自然受到批判。他知禮又明知故犯，更讓孔子難以接受。畢竟，不知禮而悖禮，可推說是無知，知禮悖禮，則令人難以苟同。真正的君子應該於公要知識大體，於私要懂不僭越，才能獲得真正的尊敬。

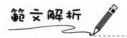

範文解析

　　褒貶之因兼具，可惜少了總提。

試題原文語譯一

　　子路說：「齊桓公殺公子糾時，召忽殉死，管仲卻不去死。管仲不算仁人吧？」孔子說：「齊桓公九合諸侯，不用武力，都是管仲的功勞。這就是仁，這就是仁。」

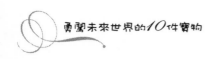

試題原文語譯二

　　子貢問：「管仲不能算是仁者吧？齊桓公殺了公子糾，他沒有自殺為公子糾殉死，卻當了齊桓公的宰相。」孔子說：「管仲輔佐齊桓公，稱霸諸侯，匡正了天下，人民到今天還享受到他的好處。如果沒有管仲，恐怕我們早已經是頭髮散亂，穿衣服開左邊的文化落後民族了。管仲哪裡會如百姓一般拘泥著小節小信，上吊自殺於溝渠，而沒有人知道呢！」

試題原文語譯三

　　孔子說管仲的器量很小。有人聽到了就問：「管仲節儉嗎？」孔子說：「管仲有三個公館，替他辦事的官員，都是一個人掌管一個職位，不兼職。這樣怎麼稱得上儉呢？」有人又問：「那麼管仲是不是知禮呢？」孔子說：「國君在宮殿門前樹立了一個屏風，管仲在他的家門前也樹立屏風；國君為了兩君的和好而設宴時，在正堂的兩邊設有放酒杯的坫，管仲宴客也同樣設有放酒杯的坫，管仲如果懂禮，誰不懂禮呢？」

 題目 2

95-3 台北指考聯合模擬考作文題

　　閱讀下段文字後，回答問題：

　　宰予字子我，利口辯辭。既受業，問：「三年之喪不已

久乎？君子三年不為禮，禮必壞；三年不為樂，樂必崩。舊穀既沒，新穀既升，鑽燧改火，期可已矣。」子曰：「於汝安乎？」曰：「安。」「汝安則為之。君子居喪，食旨不甘，聞樂不樂，故弗為也。」宰我出，子曰：「予之不仁也！子生三年然後免於父母之懷。夫三年之喪，天下之通義也。」《史記‧仲尼弟子列傳》

【注】鑽燧改火：古代以木升火，春夏秋冬四季各用不同木材，稱為「改火」。

對於為父母守喪三年的禮制，孔子和宰予的法不同，請問：

1. 孔子和宰予分別認為父母之喪期限應該多長？（二分）

2. 兩人所持理由為何？並請說明孔子為何批評宰予「不仁」？（16分）(文長一百五十字左右)

寫作步驟 121

所有的簡答題，都應該注意所問為何，少回答任何一項，都有「制式」的扣分方式，不可不慎。

同時，如果在「翻譯」之外，還能加上個人對論語或相關事件的旁證看法，便可使得回答更具內涵。否則，只在該段文字中打轉，人我的意見都相同，文字敘述都相同，實在不易取得高分。

【第一小題答案】孔子主張三年，宰我主張一年。

第二小題範例一

蔡汶霖

　　宰予所持的理由是倘若服三年之喪，不去實行禮、樂，則其間禮樂必定荒廢，故他認為心意到了就好。孔子曾說「仁而不仁，如禮何？人而不仁，如樂何？」又說為仁根本在於孝，是故孝之未盡，禮樂如何能興？我們被父母養育三年才能行走，服三年喪也是一種不忘本的做法，一個忘本又不盡孝的人怎能成為仁者？所以孔子稱宰予「不仁」！

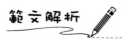
範文解析

　　將兩人立場及理由解說詳盡，最後以「不忘本」的基礎理論，評判宰我。全文詳實回答提問。

第二小題範例二

黃柏昇

宰予認為三年不為禮，禮必崩壞；三年不作樂，樂必崩

塌，既然稻穀收成一年即可，守喪應可一年。孔子則認為居喪期間，吃美味食物不覺得甘甜，聽到音樂不會快樂，這種處境無需考量禮樂。父母對子女的照顧，如長流之水，無時間歇，子女要三年才能脫離父母之懷抱，子女守喪三年是天下通義，宰予卻與此相左，所以孔子批評他不仁。

範文解析

> 　　將兩人立場及理由解說詳盡，最後以「父母恩重」的基礎理論，說明孔子為何評判宰我不仁。

題目 3

97-2指考聯合模擬考作文題

（甲）屈原既放，游於江潭，行吟澤畔，顏色憔悴，形容枯槁。漁父見而問之曰：「子非三閭大夫與！何故至於斯？」屈原曰：「舉世皆濁我獨清，眾人皆醉我獨醒，是以見放。」漁父曰：「聖人不凝滯于物，而能與世推移。世人皆濁，何不淈其泥而揚其波？眾人皆醉，何不餔其糟而歠其醨？何故深思高舉，自令放為？」屈原曰：「吾聞之，新沐者必彈冠，新浴者必振衣；安能以身之察察，受物之汶汶者乎？寧赴湘流，葬于江魚之腹中。安能以皓皓之白，而蒙世俗之塵埃乎！」漁父莞爾而

笑，鼓枻而去，乃歌曰：「滄浪之水清兮，可以濯
吾纓；滄浪之水濁兮，可以濯吾足。」遂去，不
復與言。（《楚辭》）

（乙）昔有一國，國中一水，號曰「狂泉」，國人飲此
水，無不狂，唯國君穿井而汲，獨得無恙，國人
既並狂，反謂國主之不狂為狂，於是聚謀，共執
國主，療其狂疾，火艾針藥，莫不畢具，國主不
任其苦，於是到泉所酌水飲之，飲畢便狂，君臣
大小，其狂若一，眾乃歡然。（《宋書·袁粲傳》）

（甲）則之中，屈原與漁父的對話，呈現兩種完全不
同的處世原則，而不同的原則，將會影響人生的決定；在
（乙）則故事之中，國主選擇了「酌水飲之」而得到「其
狂若一，眾乃歡然」的結果。假如敦請屈原擔任該國國
君，故事該如何發展？請揣摩屈原的思想、精神，並運用
豐富的想像力，在不更動「狂泉事件」之下，加以渲染改
寫（乙）則故事。文長以300字為度。

提示：本題非翻譯題，請避免直接原文翻譯成白話。

寫作步驟 121

改寫型的命題方式，指的是提供一篇文章或一段文
字，就其形式、內容或者主題作些更動，使之改寫成另一
篇相關但不相同的作品。同學深入理解原作主題思想、文
章形式之後，發揮改寫者的想像力，造成「再創造」效

果。改寫包括了形式與內容兩類的改寫，形式改寫分為語言與體裁之改寫兩種。如：閱讀一首古詩詞將之改寫為語體文；或將一段對話、一則故事之改寫成不同的文體皆屬此類型之改寫；內容上的改變，則在忠於題目要求之下，做內容的更動。本次的題目正是第二類型。

這個題目以（乙）之事件為主，更換國君角色，改寫故事。同學們第一要注意「揣摩屈原的思想、精神」的限定，全篇之國君必須具屈原的特質，才符合。其次人物一更動，結果必然更動，所以「屈原不必非死不可」。其實屈原以愛國及忠貞著稱，身為國君，實在很難把這個特質表現出來，只能把握其「潔身自好」的特質改寫。

同學們書寫時，如果對屈原多所嘲弄，這代表了內心對屈原堅貞的批判，對狂泉國人多所指責，也說明了個人內心的價值觀。改寫內容，一樣能呈現個人的內心世界，豈可不慎！

狂泉一事，與近代作家李察麥特森的作品《我是傳奇》相似度極高。該則故事中細寫唯一未受感染的男主角的心理掙扎，可以算是本文要求的「渲染」對象。

狂泉到底寫什麼？寫著歷史的大醬缸，具抵抗同質化個性的人，一旦成為拒絕融化的冰，必定需要承擔顛覆同質的後果，固然荒謬的本質並不會因支持的人數眾多而有所改變，然而在自以為成熟、世故和寬容的眾人眼裡，「另類」顯得如此滑稽、尖刻，這個另類如果無法洗刷大眾大腦，恐怕只留下被大眾刷除一途，最後，當一個不安定的因數被同化之後，大家就都相安無事了。如果能將這

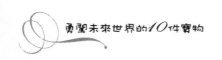
種內涵嵌入文中，就更了不起了。

範　例

林鉅原

　　楚國北邊有一口泉，人稱狂泉，令楚國上上下下趨之若鶩，不論地位長幼，皆盼能一飲泉水，狂放不羈。只有貴為一國之君的屈原沒有受到這股效應影響，只汲宮中那口井水飲用。國人以屈原為異類，紛紛透過各種醫療途徑想要解救國君，身受種種凌虐之苦的屈原，有時也會心生「同狂若一」的想法，然而看著國人瘋狂的眼神及難容異己的舉動，也會激起他「獨清獨醒」的堅持。後來，不願以身之察察，受物之汶汶的屈原，要求宮中大廚發明一種用葉子包起糯米的食物，暗藏可使人恢復清醒的解藥，於祭典國宴中發放，最後使得楚國狂潮現象消失殆盡，社會秩序得以恢復，楚國人民為了紀念屈原的德政，在五月五日那天，家家戶戶一起包粽子，這個習俗一路流傳至今。

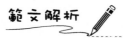

範文解析

　　改寫故事完整，有頭有尾，甚至有「文化傳承」，極為不易，若能將屈原精神表現更多，必更佳。

>>>>題目

91 指定考科國文科作文題

　　孟子曾說：「古之人，得志，澤加於民；不得志，脩身見於世。窮則獨善其身，達則兼善天下」《盡心上》，標舉了知識分子在窮達之際的理想作為，但面臨生命的重要轉折，每個人的作法會因其性格、際遇與修養而有所不同。所以，無論是憂讒畏譏、忿懟沈江的屈原，或是不為五斗米折腰、守拙歸園田的陶潛，或是曠達自適、無處而不自得的蘇軾，都為後世立下了不同的典範，而他們的任事態度與生命情懷，也都反映在其作品中。以上三人，<u>你最欣賞哪一位對於出處進退的態度及其作品？為什麼？試結合其生命情懷與作品加以說明，</u>文不必分段，以300字為度。

寫作步驟

　　以測驗為前提的寫作，各位務必把握一個重點：題目問什麼，就回答什麼。

　　題目的要求在於，由引文提供的三個人物之中，挑一個同學最欣賞的，那麼就只要找「一個」來寫，千萬不可以三個並寫甚至作比較，以免歧出窮達之外的主題，更因為三者好壞曲直豈是三言兩語可以說透？

　　再來，題目既然要求針對「窮達出處」以及「作品」而寫，便不該忘了借用作品**伴講**，否則將陷於無憑無據的窘境，即使無法全文默寫而出，也要正確講述相關作品的宗旨。但是，請千萬不要開始「分析作品」，只需取與該位人物相關的重點即可。

　　另外，所挑擇的人，除應與自己氣性相近之外，也要自己熟悉，才能言之有物。同時，至於題目所用的泛論，什麼「守拙歸園田」，「曠達自適」的泛稱，都不完足。

　　凡是三百字內容，請千萬不要使用冒題法，因為冒題的內容都不是重心，一冒，重要的內容便相對減少，力量相對減弱。至於無可避免的人性分析，請絕對注意取重點即可，千萬不要一發不可收拾的論述。

　　最後，這個題目中，自己所選擇的人物，以及所說明的理由，必定可以完整呈現出「你」的面貌。所以，選陶潛該表現他「窮則獨善其身」的堅持，不要寫「不必為那個勞什子的社會負什麼責任」或「我們寧可追求自由」，甚至寫「縱使別人生活在水深火熱中，不用思考如何解救他們，這樣隔岸觀火，太棒了！」寫蘇軾當然是「遇事豁達」，豈可用「隨便」來詮釋？當然，選屈原就該寫他的「擇善固執」，不該寫「遇事一不作二不休」呀！

範例一

陳彥翔

　「採菊東籬下，悠然見南山，山氣日夕佳，飛鳥相與還。」陶潛樸質澹泊，隱逸自適，如此性情創造出成篇千古名作，尤其他不為五斗米折腰的情操更受眾人景仰。不重藻飾的文句，字字真誠，句句真情，守拙歸田園，躬耕自適，即使草盛豆苗稀，仍甘願居於自己的桃花源。硬頸、直腰、堅心、鐵志，型塑成那難忘的四個字：歸去來辭。陶潛為文人打造了骨氣，鑲嵌了魄力，最後出爐那不折不扣的堅持。中品又如何，單憑一身骨氣，五柳先生的那份風骨絕對是上品。

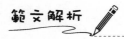

範文解析

　　以骨氣為骨幹，完成全文。文句以短文應注意的美詞佳句，最成特色。若能化前兩段「作者欄」的文句成自己的造語，必更佳。另外，陶潛早年作品「猛志逸四海，騫翮思遠翥」其實就是這種骨氣，如能幻化入文，也很酷。

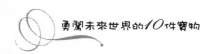

孫健瑋

　　不為時代所重用的文人多不勝數，有的人隨俗進退、與世同濁，抑或是隱居山林，從此遠離世俗塵喧，其中，忿懟沉江的屈原，最令我欣賞。屈原在漁父一文中一句「舉世皆濁我獨清，眾人皆醉我獨醒」，深刻道出不為時所重用的情況。與漁父對談時，他清楚表明自己不隨俗同流合汙的處世態度。他就像水中一朵蓮花般，即使身處世俗淤泥之中，仍然堅守自己的節操，在亂世中綻放出自己的一股忠貞。當家國破亡後，毅然走上死亡這條路，對他而言，死亡不是逃避現實，只是堅守忠義；他不願屈服敵國，以此表達難以回天的愛國情操。這位壯烈之士，在歷史洪流中寫下壯麗篇章，他的忠義，永於後世流傳。

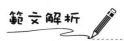 範文解析

> 　　文初的總起簡捷，頗有引出主題之妙；以蓮花形容屈原，與屈原千古以菊為形象略有出入，較為可惜。

範例三

楊瀚平

　　三人中我欣賞蘇軾。暫且不論他在文學上留下的瑰麗文采，單看他的遭遇便讓我欣賞。這位文豪屢遭放逐命運，再有滿腔報效朝廷的熱血也會為這一道道聖旨而凝結，再開朗熱心的人也將在這種命運中學到心灰意冷。但令人意外的，蘇軾反在這種生命挫折中，找到自抒懷抱的利器，學到嘲笑人生苦難的態度。「心似已灰之木，身如不繫之舟，問吾平生功業，黃州惠州儋州」這種不嗔不怒的自嘲文字，是我最欣賞他的原因，曠世奇才不僅東坡公一人，然而無畏困境、熱情不減的生命，千古可不多見！

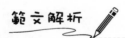

範文解析

　　針對單一詩句作單一主題的理由詮釋，全文凝鍊有味。處處可見美感，如句子的「再有滿腔報效朝廷的熱血也會為這一道道聖旨而凝結」，再如語詞的「不嗔不怒」等，皆有令人眼為一亮的功效。

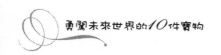

 ＞＞＞＞ 題目 5

96-3指考台北聯合模擬考作文

有一天你收到一封這樣的電子郵件：

寄件者：司馬遷　　　　寄件日期：2008/5/8　星期（四）

收件者：二十一世紀的朋友　　　　　　　　上午9時30分

主旨：聽聽你的意見

二十一世紀的朋友：

我生活在比你早兩千多年的古代。因緣際會，向你寄出這封電子郵件。我的生平事跡相信你已有所認識，這些年來我一直在反省當初所做的事情究竟有什麼意義？身為另一個時代的你，可以提供我一些意見嗎？

你儘管有疑惑，但出於好奇，還是決定回覆他。請寫一篇300字左右的文章回覆他。

注意事項：1.不必訂題目。

2.不必以書信形式行之。

3.不得以詩歌、文言、小說的體裁書寫。

 寫作步驟 121

古人投書想要知道自己的生命意義。那麼回信的現代人就應該以「有意義」或「無意義」來回答。一個人的生命有意義，必定因為其價值，有些是成就的價值，有些

是典範的價值；同學們如果集中在「成就」的價值，應朝著「少了《史記》，後輩子孫只能乏味地咀嚼編年體上那枯躁的數字紀年。」切忌流於國學常識的呆板書寫；至於「典範」價值，則可以寫「在帝王專制的時代，勇敢的表達什麼才是你心中真正的認可，不畏懼他人的說法，只朝你的夢前進，阻礙在面前，你不怕，因為你的夢在支持你。這勇氣是我缺乏的，我的想法緊緊被囚禁，現在，我將效法你，不再畏懼，不再退縮，鼓起勇氣作我自己。」極具當代意識。

古人誠懇請教，請不要姿態太高地回應，說：「你的所做所為，我很讚許」。當然，正式考試不宜用嗆聲版「被宮的感覺好嗎？是我才不要那麼傻！」（奇怪的是，你們怎麼那麼在意宮刑？）「你存在的意義是增加了我的考試負擔；你的冤屈成了我的壓力，我根本不想認識你，不想跟你做朋友」。

範　例

洪躍聞

中國人向來說：立德、立功、立言，而您那作為史典範的《史記》，著實是廣漢中國歷史中，極為光輝燦爛的一頁，不論是完善的體例，抑或優美流暢的文字，還是精闢嚴密的思考邏輯，皆被後人稱頌，不愧是史家之絕唱，無韻之離騷！

　　但我個人認為您在人際關係及勸諫皇上可能需要多多加強，先秦的觸龍、漢代的東方朔、唐代的魏徵、清代的紀昀，皆是善於勸諫的大臣，也許您可能會說武帝比不上太宗清明，但我覺得他是了解太宗的個性，用最適宜的方式提出意見。如果當時能多找些正直善良的大臣共同提出諫言，先降低武帝的怒氣，或許狀況會更好。

　　已經發生的事已無法挽回，但我希望您能跳脫身體的苦楚、精神的折磨，畢竟比起沉入歷史洪流的古人，您已流芳千世。

範文解析

> 　　正反相生，另取其他朝代的忠臣良將為例，頗能支持個人提出的建議。

題目 6

台北市立成功高中96年高三課堂練習

　　子貢曰：「管仲非仁者與？桓公殺公子糾，不能死，又相之。」子曰：「管仲相桓公，霸諸侯，一匡天下，民到今受其賜。微管仲，吾其被髮左衽矣！豈若匹夫匹婦之為諒也，自經於溝瀆而莫之知也！」

　　請分別闡述子貢以及孔子兩人不同的觀點為何，並請

說出你的見解。

這兩種說法其實只是兩種不同行事的角度與思維，並沒有優劣之分，不必為了認同孔子而海扁子貢。這種詢問看法的題目，最重要是能夠兩者相對而發，同時，若能結合所學，做出最好的類比，如提及「經世濟民」，或以「聖之時者」發揮，置於高點立論，便有不敗之優勢。至於旁證之例，亦有加重展現個人內涵之功效。

楊嘉誠

子貢認為桓公殺了管仲輔佐的君主——公子糾，管仲本當殉難而死，以達到「忠臣不事貳君」的標準，但管仲不僅苟且偷生，還去擔任桓公的宰輔，這叫公子糾於黃泉情何以堪？所以子貢認為管仲非仁者。

孔子則以不同的角度看待管仲，認為國家因為有了他的輔佐，人民免受外族統治，因此有「微管仲，吾其被髮左衽矣」的讚嘆。匹夫匹婦忽略了個人可以為國家貢獻的力量，只打算在無人知曉的暗巷自縊以表現個人自以為的「忠」，然而這畢竟只是「愚忠」的表現而已。

245

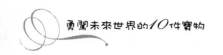
能者多勞，盡可能將自己畢生所學運用在自己擅長的領域上，如此才不至於辜負了父母養育、師長栽培、君王提拔之恩。我願做默默耕耘的鄭玄，平息古今經文之爭，也不要當抑鬱的賈誼，自怨自艾，放棄稟賦而早逝。古代禮法倫常有如金石般無法違逆，若就此褒貶功過，會窒死為數眾多的良人賢士，我認為管仲能忍時以待，盡己之才，無怪乎得到孔子的讚賞。

範文解析

前兩段詮釋引用文字的說法，精簡流暢，個人觀點能加上其他內容以深化其理。幸而末段最後再回扣「管仲」之主題，才免於離題之歉！

範例二

王振宇

縱觀古今，有刺客聶政、豫讓，以死報知遇之主。以殺身來保全名節，以鮮血灑上一己墓碑換取萬人景仰，古往今來「死士」殉主的偉大情操成為真正忠臣的典範，子貢會這樣看待一代名相管仲也不無道理。

孔子的論點並不依據君臣態度，而單就管仲的功績回答子貢。論功業，管仲「尊王攘夷」讓中國在連年內戰中，不至於被外族趁機併吞，於保存文化上確實功不可沒。蓋棺論

定，孔子這種評述，似乎更顯公平。

　　子貢所言，犯了「必」之弊。「言必信，行必果，硜硜然小人矣！」如此的作法，縱有救天下之心也無法一展鴻圖了，這不只是一己的不幸，更是民族的不幸。

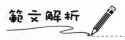

範文解析

> 　　論述能有個人取材，如刺客之行、孔子之語，都是言論更顯精闢之素材。

題目 7

95-2 台北指考聯合模擬考作文題

　　屈原既放，游於江潭，行吟澤畔，顏色憔悴，形容枯槁。漁父見而問之曰：「子非三閭大夫與？何故至於斯？」屈原曰：「舉世皆濁我獨清，眾人皆醉我獨醒，是以見放。」漁父曰：「聖人不凝滯於物，而能與世推移。世人皆濁，何不淈其泥而揚其波？眾人皆醉，何不餔其糟而歠其醨？何故深思高舉，自令放為？」屈原曰：「吾聞之，新沐者必彈冠，新浴者必振衣。安能以身之察察，受物之汶汶者乎？寧赴湘流，葬於江魚之腹中。安能以皓皓之白，而蒙世俗之塵埃乎？」

　　漁父莞爾而笑，鼓枻而去。乃歌曰：「滄浪之水清兮，可以濯吾纓；滄浪之水濁兮，可以濯吾足。」遂去，不復與

言。（屈原《楚辭・漁父》）

　　這是屈原透過和漁父的對話，闡述自己的心志，讓外界更瞭解其思想與節操。閱讀古籍時，聖賢哲人的高德、英雄忠烈的豪氣、文人才子的風采，總引人敬仰。對於所欽慕的人物，由於時空阻隔，讀者只能大嘆生不逢時！倘若得以穿越時空，親自探訪一位中國歷史人物，你希望與哪位人物對談？

　　請模擬一個類似的情境，藉由你與古人雙方的對話，突顯出古人的情性與思想。不須命題，文長300字以上。

寫作步驟 121

　　寫題目前，先做審題工作，這次重點在於：1.對象必須是中國歷史人物；2.必須有對話；3.必須突顯古人的情性與思想；4.文長300字以上。

　　所以，如果寫的人物不對，便不合題；如果沒有對話，也不合題。再來，也必須突顯其情性與思想，如果寫錯了看法，比如把蘇軾寫成先憂後樂，就不夠傳神。

　　因為指考時間有限，在不足的時間內，不必硬要為這個題目找一個「合理」的解釋，故事性不是本篇的重點。當然，更不必談你對他的看法或評論，只有該對象的對話與情性，思想才是最重要的，

範例一

蔡旻霖

　　時間反轉，我彷彿到了宋朝。一瞥眼間，我看見了蘇東坡坐在赤壁，填著膾炙人口的赤壁賦，看著他奮筆疾書，我問他，為何他能如此曠達，不以物傷性？他則轉過頭來，淺淺的笑了：「也無風雨也無晴，這就是人生啊！」我從他的眼眸中，看見了年少喪妻的哀傷，卻又重新站起來的堅強；發現了中秋賞月，望月思親的寂寞，卻也深信著能再相見的篤定；找到了年少輕狂，兄弟同中進士的欣喜若狂；望見了有報國，卻不受重用的惆悵。「什麼是人生？」我問。「人生就是一場戲，就像這江水般，潮起潮落，永遠不知道下一刻會發生什麼，也不知道結局；畢竟，路是人走出來的，命運不是老天決定，而是掌握在自己的手上！看看吧！以前的風流人物，百年之後，被記得的有多少？活在當下，享受生活，就是人生啊！」

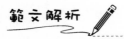

範文解析

　　將蘇東坡的一生，精簡濃縮於三句排比句。把握曠達的態度。

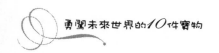

徐子喬

　　隱約從轉角看見一個人走出，年邁六十的詩人陸游，回到曾令他情斷的沈園。即使草木仍茂盛，陽光仍耀眼，但他的記憶仍停留在三十年前的那個春天，陸游用手輕輕撫摸牆壁，悲從中來，陽光灑在他的身上，成為一幅唯美卻又哀傷的一幅畫。我向前走去，問道：「您怎麼如此忠於這愛情？自古以來，愛本不長久，男人擁有三妻四妾，並不奇怪啊！」陸游說：「愛情這東西，好似我與這國家，處在異地，我擔心天子的安危；在域中，我又想為國君立下功勞，使國家興盛。愛情也一樣，當你真的愛上一個女人，就會朝思暮想，魂牽夢縈。人常說：『直將生死相許』，即使所愛所逝，仍會戀著她的身影，戀著她的味道。」我沉浸在他的話中，想著：「詩豪的感性，對國對愛相同忠貞，這真是千古難求。」漫步離開沈園，陸游的〈釵頭鳳〉縈繞在我心中：「一懷愁緒幾年離索，錯錯錯」。

> 　　取材獨特，能掌握陸游愛國詩人的特質，與愛情並寫，頗具功力。

範例三

陳昱庭

　　走在寬廣的戰國大街，兩旁車馬呼嘯而過，看見了莊先生在橋上與人爭辯。唉呀！想問莊周為什麼只有他能感受的魚兒的快樂，卻被反問道：「你又不是我，怎知我不知魚之樂？」我說：「你連夢都搞不清楚是你夢蝴蝶抑或是蝴蝶夢你，怎知我不知你知魚之樂？」莊先生揮了揮衣袖笑著說道：「天地萬物本一體，我也好，魚也好，蝴蝶也罷！跟天地之大比起來實在渺小的可憐，之所以說我知道，應為我與萬物即為一體，我心即天地，我與世界感同身受，怎不知魚之樂？當你與萬物冥合時，誰夢誰似乎已經不是那麼重要了吧！」說罷，便搖一搖頭高歌而逝。我嘆了口氣，整了整衣冠，無奈道：「莊周啊，你又不是我，怎知我不具你一般鼓盆而歌的灑脫呢？」

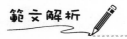
範文解析

　　仿「濠上之辨」的對話，論述與對象符合度極高。

92-3 台北聯合模擬考作文題

　　「季札之初使，北過徐君。徐君好季札劍，口弗敢言。季札心知之，為使上國，未獻。還，至徐，徐君已死。於是乃解其寶劍，繫之徐君塚樹而去。

　　從者曰：『徐君已死，尚誰予乎？』季子曰：『不然，始吾心已許之，豈以死倍吾心哉？』」（《史記‧吳太伯世家》）

　　◎試就上文篇旨加以闡論，文長約200字。

　　「誠」與「信」是本文要闡論的重點，切不可隨意切入，其他的觀點都是偏離主旨的想法。文化基本教材中的「中庸」，正好講到「誠」、「慎獨」，你可以運用所學，從這些先哲的啟示中來寫季札的誠意，也可以從社會人際關係中來講「信」的重要，甚至可以用現代人誠信不足、反覆無常的情況來映襯誠信的可貴，一正一反，篇旨的闡釋最有力！

範例一

林彥博

　　每個人的一生總會許下許多承諾：與情人一起的約會，和朋友互勉上台大的豪語，甚至自己對自己定的目標。當我們許下承諾的同時，「誠信」便是實現約定的鑰匙，因為守信，我們不會遇到困難而畏縮；因為守信，我們不會碰到挫折而放棄；因為守信，我們不會對未來感到迷惘。古代季札並不因徐君的死而背棄自己的承諾，身為現代人的我們，應在平日的言行、舉止間守信、守約，才算對自己負責！

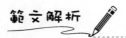

範文解析

> 主題明確，不受引言牽絆。

範例二

李新恩

　　在季札身上，可以看見三樣人性光輝：一是體貼他人的敦厚，一是生死不渝的知己情懷，一是注重誠信的堅持。因為體貼，所以決心贈劍；因為視徐君如知己，因為誠信，所以這個心中暗下的決定可以生死不渝。士為知己者死，何況

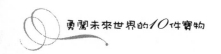
只是一把寶劍？可惜今天季札已難復見了，人們大多將身外之物看得比自己的赤誠之心更重。所以你也看不到管仲和鮑叔牙，看不見伯夷和叔齊，而看到冷漠的現實，和拜金的社會。或許有一天，大家會驚覺界線分明的世界竟如此擁擠，如此令人窒息，然後才反璞歸真，重新學習敦厚，學習打開心胸，學習誠信吧！我期待那一天！

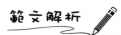

範文解析

> 由季札談起，結束於對未來的期許，短文能有正有反，十分難得。

範例三

葉信甫

君子的定義有很多種，其中最重要的條件是「誠」。

「誠」是什麼？就是坦誠的面對自己和他人，而人處在一個世事紛亂的世界中，要立足茁壯，就需要誠信。誠信像一棵大樹的根，唯有根深入地下，緊緊抓住泥土，大樹才能參天入雲。季札雖沒有口頭答應，但心裡已經下定決心送劍，若以為別人不知而反悔，就是失信於自己。季札是位真君子，「慎其獨也」，從內心到外在的修身，才是真正的君子。

以誠信修身，足以行遍天下，若把誠信當作糟粕，恐怕

是寸步難行啊！

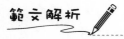

範文解析

把握主旨，高處立論。

94-3指考聯合模擬考作文題

請閱讀下文並回答下列問題：

甲、

伯夷為商末孤竹君之長子，姓墨胎氏。初，孤竹君欲以次子叔齊為繼承人，及父卒，叔齊讓位于伯夷。伯夷以為逆父命，遂逃之，而叔齊亦不肯立，亦逃之。後來二人聽說西伯昌善養老人，盡往歸焉。及至，正值西伯卒，武王興兵伐紂，二人叩馬而諫，說：「父死不葬，爰及干戈，可謂孝乎？以臣弒君，可謂仁乎？」武王手下欲動武，被姜太公制止，說：「此義人也」，扶而去之。武王克商後，天下宗周，而伯夷、叔齊恥食周粟，逃隱于首陽山，採集野菜而食之，及餓將死，作歌。其辭曰：「登彼西山兮，采其薇矣。以暴易暴兮，不知其非矣。神農、虞、夏忽焉沒兮，我安適歸矣？於嗟徂兮，命之衰矣！」遂餓死于首陽山。（改寫自歷代名臣——湖北教育學院網路）

乙、

（子貢）曰：「伯夷、叔齊何人也？」曰：「古之賢人也。」曰：「怨乎？」曰：

「求仁而得仁，又何怨！」（《論語‧述而》）

請就上述資料說明：

(1)伯夷、叔齊對武王興兵伐紂的態度為何？

(2)子貢認為他們心中有怨，因何事而怨？

(3)孔子基於什麼樣的原因讚美二人是賢人？

寫作步驟 121

問答寫作除了要從資料中找到「回答內容」，更要針對題目而答。如第二題答以「對西伯之死比為先賢之忽焉沒，天下又以暴制暴，不得安寧。」內容雖正確，但答題的文字不正確，應寫：「冉有認為伯夷叔齊的怨，一因先賢之忽焉沒，二因武王以暴制暴，讓天下不得安寧。」

這類題目可以旁加一些意見，但必定要以引文提供的線索為主，比如你可以寫「姑不論這理念是否與歷史潮流相違背，但兩人執著也為心目中的仁而犧牲」；請不要多用文詞替周武王解說，當然，更不要批判伯夷叔齊，因為這不是「FIRE AS WILL」的心得！

範例一

沈泓佑

(1)伯夷、叔齊兩人對武王興兵伐紂皆持反對態度。從甲文中「父死不葬，爰及干戈，可謂孝乎？以臣弒君，可謂仁乎？」可知。再從「以暴易暴兮，不知其非矣」認為武王以武討伐紂王是錯的。

(2)子貢認為伯夷、叔齊兩人一生命運多舛，心中抱持的理念不被接受，最後更因「不食周粟」，不認同當時的統治者，活活餓死於首陽山，實在很難能「無怨」！

(3)孔子因為伯夷、叔齊兩人始終如一地堅持信念而讚美他們。最初他們互相謙退不爭位，是愛的表現；其後反對以暴力抗爭，反對發動戰爭使得生靈塗炭，這是仁的胸懷。因此孔子讚美他們「求仁得仁」「古之賢人」！

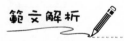

範文解析

> 因題回答，適度引用原文佐證。

範例二

鍾伯昇

1. 兩人對武王興兵伐紂持反對的態度，因為當時正值西

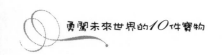

伯昌卒，認為「父死不葬，爰及干戈」為不孝，況且紂王為君主，認為以臣弒君為不仁，故二人叩馬而諫，反對興兵伐紂。

2. 因他們二人阻止武王出兵不成，眼見武王以暴易暴而不知其非；認為世衰道微，遂隱於首陽山，恥食周粟而死。故冉求認為他們心中仍有怨。

3. 因二人求仁而得仁，生前能遵守「禮」，生前能忠於本位而未為繼承人，符合了儒家不在其位不謀其政的觀點，且死時亦沒有違反自己內心的意志，是謂求仁得仁，故孔子贊美二人是賢人。

範文解析 ✏

> 問答寫作需要有看法之外，更需要有佐證。本文於此略缺。

簡上淵

從上文伯夷、叔齊所諫武王「父死不葬，爰及干戈，可謂孝乎？以臣弒君，可謂仁乎？」可知他認為武王興兵伐紂，依時間而論為不孝，依身分而論為不仁。

兩人在將餓死時，作了歌曰：「以暴易暴兮，不知其非矣」，說明武王伐紂之舉，為天下奠下暴庚可行的示範；「神

農、虞、夏忽焉沒兮，我安適歸矣？」則說出沒有上古開明盛世，令世人無可歸依。這應是冉有認為的「怨」！

孔子則認為他們執著地追求自己的正道，至死作未偏離，「求仁得仁」，絕對不會有任何埋怨！

範文解析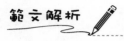

> 詳讀引文，佐證文字，使得文章力量大。

寶物九

他們，你們，我

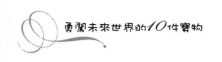

前言

不論如何隱居避世，任何一個人都必然隸屬於某一個社會，手持某一個國家的護照。在認清「我」的想法，決定「我」的作法同時，勢必考量「你們」與「他們」的因素。

我們處身於社會之中，隸屬於國家體系，對於自己的社會，必然有些想法，對於自己的國家，必然有些情感。我們不但對自己的國家、社會有期許，更應該能將自己對團體的理想，侃侃而談。流亡作家高行健談起自己的「沒有主義」，這個「沒有」透露出對社會國家形式壓迫的抗拒，一個「沒有主義」，有太多對於自己社群的理想存在其間。再比如甘地的不合作運動，非暴力的反抗著殖民主義，柔性且有效率地逐步完成印度獨立的目標。2010年末，各地開始的茉莉花革命，更是強烈的以「我們」的身分表明立場。

存在主義定義著：「擁有即是被擁有。」世間事總是相對並行，沒有任何一本萬利，完全不必付出的便宜可以佔。我，我們，他們，在無國界的、和平的世界之中，有必須思索定位的新紀律。

紀律是為群團生活而存在的品格，一個成功的企業需要紀律，才能永續發展；一個完善的社會國家，必須體會認同守規矩、重紀律不是限制，才能從中受益。紀律，讓

我們做好該做的事，讓我們與眾不同。

　　近代民主政治奠基在自由主義的精神之上。柏拉圖認為民主社會如果由缺乏判斷力和自制力的人享有自由，將成為暴民政治。在我們與他們以及我必然出現的衝突之中，個人的權利必然被削減，利益必然被重新分配，然而，常識與理性可以讓眾人在理想與現實之間覓得均衡。邱吉爾曾說：「偉大的代價，就是責任。」

　　社會的多元價值，不只承認每個人都有不同價值觀，最重要的是相信沒有一種標準價值觀是各種不價值理念的最後仲裁者。民主社會中每個人都是平等的自由人，各種不同的意見應該受到平等的對待尊重，因為多數專制與少數專制都是一樣可怕。

　　杜威曾說，如果社會能發揮一種自我改善的機能，便不至於帶領我們走上災難。在包含著過去現在未來的豐碩時間世界，生命要繼續，就不能把可能性用盡只剩光禿禿的未來。於是，在「人是社群生物」的必然之下，他們、你們及我都必然有了束縛，有了連結。

社會國家類

97指考作文題

　　現代科技進步，文明發展快速，任何知識學問的數量和深度都遠遠超過古代，分工、分門成了必然的趨勢，任何人都無法博通一切，各類「專家」應運而生。

　　請以「**專家**」為題，寫一篇首尾完整的文章，文長不限。

　　引導寫作必定有引導的內容，同學們下筆之前，必須細讀引導文字，掌握題目的重心，如本題引導寫作第一重點說明了「專家的產生背景」，其次也點出「專家只偏專於一隅」的特點。這種引導文字，有正有反，同學依此再

做正反相生的推衍，應可有基本把握。

　　本題為說明文，說明文可由「是什麼」「為什麼」「如何達成」的三個問題完成素材的搜索。再透過前述引導文字的提醒，設計「反面思維」的取材，同時，記得務必有實例，才能為個人的文章增加說服力。

範　例

專　家　　　　　　　　　　　　曾楷仁

　　經濟學中有個理論是這樣說的：每個人不是萬能的，當有多項工作需要被完成時，讓每個人去負責他們最擅長的項目所得到的效益比讓一個人去做所有工作的效益來的高；因此，我們需要有各種專家來讓整個社會運作；每個專家都是每個領域最閃耀的星，因為有了他們，人類的文明才能演進，我們的各種生活所需，才能順利地被滿足。

　　拉開歷史的縱深，各種科學理論，都需要有專家提出；各種機器或發明，也不能沒有專家的研究：有了像拉塞福和波耳這樣研究原子的專家，我們才能瞭解原子的行星軌道模型及明白氫原子的躍遷模式；我們也需要研究有機反應的專家——馬可尼夫可來讓我們了解雙鍵、參鍵化合物和氫化物鍵結的情形，如果沒有了像愛迪生這樣對電有深入研究的專家，我們無法在夜晚中看到光明。

　　在我們的日常生活中，需要有專家來滿足我們各種需

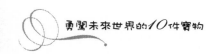
求，讓生活中的各種事物能正常運轉：少了氣象專家，我們便無法了解何時陰何時雨；少了烹調食物的專家，我們無法品味美食；要有個舒適安全的地方棲息居住，少不了建築的專家；沒有了駕駛各種交通工具的專家，我們到不了任何我們想去的地方；再往下推，社會上也需要有專家來教導、培養專家；由此看來，專家的存在是必然的。

社會上各種事物的運行不能沒有專家，如同涉水需假以舟，箭要射出去須假以弓，我們需要藉由專家來滿足我們所需，讓社會順利運轉，也許如同一位科學家所言，專家只是訓練有素的狗，只會重複單一的工作，但我們的生活，也得依賴這些訓練有素的專家才能完善。

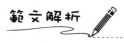

範文解析

> 以「專家得專到家，才能改善社會」為全文主旨，主題明確。第二段的正面例子以及第三段的設例，都有強化文章主旨的力量。首段經濟學效益說，有「專家」味道；如果能不在最後一段賞專家一記耳光，應更佳。

97-1 台北學測聯合模擬考作文題

那漢子和衣倚臥床上，雙手扣著後腦門，凝視著案上躍動的燭火。突然，一陣風來，翻動了窗前的鐵馬，他附耳靜

聽，一時無法分辨那風聲，是吹碎了廊下叢竹，還是吹翻了庭裡淺池的殘荷，彷彿又自枯的桐葉降下，一陣蕭蕭，斷續吹來，聲聲傳入他的耳中，颳起了太多的家國之思。

是的，那風聲他是熟悉的，尤其這些年來，自己寄跡於江湖之中，託身於風塵之上。雖然家事已不堪想，國事又不堪問。但只為了胸中所留存的那一點孤憤，他仍一匹駿馬，兩尾瘦驟，駄著幾筐殘卷，東南西北穿梭往來，秋山悵望，春江醉臥，到如今，幾陣霜風，已吹染了項上一簇愁髮；數行雁鳴，更唱皺了眉前幾疊恨痕。踟躕前路，樓前簷下——他已聽慣了太多風聲雨聲。

只是今夜那風聲卻使他思慮難平。也許日前，他喚艇溯溪而上，登雲走訪一方外的舊相識，一路西風兩岸蘆花，遠近一片枯索，他獨佇船頭，舉目四望，倍感蕭瑟。……既至，老友把肩相看，相對無言。然後又大笑相擁著入禪房。禪房內禾爐裡檀香裊裊上升，淡淡的斜陽，映出窗外幾枝松影。他倆相望坐在蒲團上，突然，他那方外友人說：「幾年不見，你的風塵味越來越重了。」

那漢子摸摸自己滿面于腮，哈哈大笑起來。

「我說的不是臉，是心。」那方外友人淡淡說。

一個心字吐出，使那漢子沉凝住了。想想自己這幾年，馬不停蹄，風塵僕僕，所為何來？有時他會以「知其不可為」來搪塞自己，但頭來卻落得似隱非隱，似俠非夾，不知自己到底像什麼。突然，他想起太史公寫的〈伯夷列傳〉來，那裡面隱藏著的進退之際，取捨之間八個字，自心頭跳躍而出……想著想著微笑起來，笑自己也許真的風塵了。

（節錄自《那漢子》〈夜讀〉逯耀東）

　　註1：于腮：鬍鬚、鬍渣。

　　根據上文的內容推測，請為行走江湖的那漢子尋找他愈顯「風塵」的理由。文長限150～200字。

寫作步驟 1

　　寫作前，首先要詳讀說明文字。如本題，內容必須「根據上文的內容」，因而，與引文相扞挌的擴大解釋，就不恰當，比方這名漢子為國為家奔走，你不能說他為了圖個溫飽，不能說他想要追求功名。其次，「為行走江湖的那漢子尋找他愈顯風塵的理由」，寫作者的身分是旁述者，不是當事人，不是「那漢子」；再其次，「風塵」本指奔走途中的辛勞，後來有塵俗凡事的引申之意。多半於用負面意涵，若同學於文章中寫那漢子很得自己風塵味越來越重，也是不當的詮釋。有些同學可能沒有自己可推測的答案，只重組了原文字句，是一種不負責任的寫法。

　　寓言的引導內容，不宜再以隱晦的寓言完成「說明」。虛問，要實答。也要仔細閱讀題目，比如把風塵的理由定位為「想家」，就與文章「家事已不堪問」衝突了。

　　本題開放答案，理由設定並沒有標準答案，同學們只要是依據內容的推測，都可以成為好理由。至於短文寫作，對文句優美的期許很高，這是同學們可以追尋的方向。

林思宇

　　哪隻倦鳥沒有歸途？哪個浪子沒有故國？奈何國破山河仍在，春城的草木也只有徒長，帶著殘荷清韻和枯葉的秋風，不留情面蕭殺吹至，捲起了千斤似的思愁。心中僅存信念是力挽狂瀾，然後在經歷數年風霜後已悄然淡去。是時間和局勢手設計的陷阱吧！漫漫的長遊成了似隱似俠的推手，推走了心中曾是最堅毅的執著。老友的一語道破了不願承認的現實，想來這便是風塵所開的最大玩笑吧。

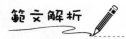

　　起筆連用激問，點出愈顯風塵可能的理由，全篇造語精巧，理由說明完整。

詹智宇

　　每個人生下來都是純淨的，但沒有一個人能長保有這純淨。踏入世俗，眼前盡是風塵，即使如荷一般努力在汙泥中維持自身高潔，但花總會謝，當年華自晌午進到黃昏，孤高

成了孤憤。是世俗的價值風塵了他，還是他再也無法忍受眾人皆醉的獨醒而向世俗靠攏？孤單會隨時間發酵，心中孤高的城，可能慢慢遭棄守，於是，一如常人般，那漢子，愈顯風塵了。

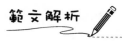

範文解析

> 理由在於因為受世俗影響而不自知，才會風塵於心而不自覺。

範例三

陳咨亦

我想那行走江湖的漢子曲解了「知其不可為」的意思，知其不可為而為之是有明確的目標，知道目標不太可能達成，但還是去做，想把目標達成，那行走江湖多年的漢子卻沒有明確的目標，忙碌了多年到最後發現自己什麼都不是，什麼都不像，當人無法定位自己在的意義時，就會感到無助、惶恐，別人就會覺得你的心，風塵味越來越重，那漢子就像顆無助的陀螺在風中漫無目的地空轉。

範文解析

強調「無法定位自己在的意義」，很具現代感。

91-3 台北指考聯合模擬考作文題

請閱讀焦桐的新詩＜大臺北地區電話簿＞，然後依提示作答。

大臺北地區電話簿

（八劃：侏）

侏儸紀人口販賣廣場	555.5385454（60線）
侏儸紀手榴彈工廠	718.3764224（80線）
侏儸紀安非他命開發中心	555.3769011（54線）
侏儸紀防彈服飾商場	213.8911207（代表號）
侏儸紀坦克車保養場	603.3081846（13線）
侏儸紀狙擊訓練所	603.4444444（代表號）
侏儸紀音樂工廠	903.2914476
侏儸紀春藥研究室	555.5386703（代表號）
侏儸紀海洛因實驗室	718.8450399（代表號）
侏儸紀新感官交易公園	718.8454949（30線）
侏儸紀賄賂公司	603.3083845（代表號）
侏儸紀強暴者協會	555.6523321（44線）

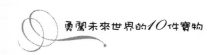

侏儸紀氰酸鉀大廈	718.3760000（代表號）
侏儸紀暗殺集團	603.3339999（50線）
侏儸紀詩人療養院	993.2912698
侏儸紀雷管專賣店	603.3085544（46線）
侏儸紀舞男展銷市場	555.5362354（代表號）
侏儸紀衝鋒槍批發公司	718.3762222（99線）
侏儸紀竊盜俱樂部	555.5387911（38線）
侏儸紀縱火者聯誼會	555.2927474（代表號）
侏儸紀雛妓聯合供應中心	555.5383029（78線）

提示：請由詩的內容找線索，自訂題目，寫一篇散文。文長不限，但至少分三段。（占27分）

寫作步驟 121

這次的作文題目，甚至上了聯合報的教育版，標題是「怪怪作文題　學生覺得被惡整」。其實，同學在這個焦桐的詩作上，花太多時間想要思索每個數目字的意涵，反而是中了圈套。其實，「詩無達詁」，每個人都可以有自己的解讀，所以幾乎沒有線索的題目，其實有更多的發揮空間。

正因為沒有提供方向，所以什麼方向都可以，這個題目其實提供了一個大的操場，要向那邊跑去都沒什麼錯誤，甚至想坐在操場邊看別人運動，也無不可！

焦桐是副刊編輯、散文作家、詩人。我記得看過他的一則<小人兵法>提到蒼蠅對獅子沒興趣，也不足以構成獅子的威脅，蒼蠅的目標只是獅子腳下踩的一坨大便，所以獅子讓一讓，將腳下大便留給蒼蠅，便可以甩開不必要的騷擾了！這似乎告訴我們，在人生前進的路上，不需要計較小是非，別忙著在瑣碎事物上較勁，只要大原則全力以赴，何必在乎小人的流言流語？我想這篇作文也是這麼回事，大原則掌握住就好了！

範例一

侏儸紀文明　　　　　　　　　魏裕侃

侏儸紀，千萬年的過去，一個弱肉強食，你爭我奪，充滿著原始的、野性的慾望。而今天，這一種野性、放縱的人性依然生存在台北文明的街頭上，仔細一聞，空氣中還飄有那鮮血的惡臭，牆上還留著斑斑的彈痕，台北的街頭似乎未曾平靜過。

知識的堆疊建構了文明，而知識是從教育來的，或許我們缺乏的是心靈層次的教化吧！不然人人都擁有高等教育畢業證書的台北街頭，怎麼未曾平靜過？為什麼各種犯罪正殘害我們的社會，卻沒有人敢挺身反抗？因為陰溝，是埋藏在城市體內的血管，流淌著黑色的血液。因為一切污穢都向陰溝匯集，多數人們選擇將眼睛避開它，因為那是陽光照不到

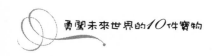
的地方。

　　人在亂中，就會望治，怎麼治？第一個就會想到「法」。老一輩的人主張亂世用重典；問題是，「法」果真是萬靈的嗎？光靠掃黑就會令社會月白風清嗎？當然不是，因為法律只是一種最低限度的道德；是一種維持社會秩序的起碼規範，人在觸法之前，他的道德意識早已被扭曲，所以失去自我控制的能力，於是他才去犯罪。

　　因此，道德比法律更重要。即使有黑心官員的賄賂，即使面對槍林彈雨的街頭，即使反抗罪惡的道德者現在都住進了侏儸紀詩人療養院。能不反抗嗎？默默的忍受就是一種縱容。

　　所以，反抗吧！不只拒絕毒品，還要檢舉，不只教導孩子拒絕罪惡，還要使他們消滅罪惡，如此，我相信，侏儸紀文化便不再存在於台北的街頭。

範文解析

> 　　任何文章皆相同，筆調放得愈慢，描摹便能愈精準，讓人的感受也相同的會更傳神。本文另將社會比為戰地，比為叢林，因而更具驚悚力。

範例二

文藝獨行

謝右亭

翻開了這個失速城市的電話簿，感覺有點惆悵。一個個無意義的數字，恰如它代表的營業部門，冷冷的訴說一種殘酷，就像大臺北人麻木而悲情的心靈一樣。

拭去因悲嘆而在眼中凝結的霧，我終於找到兩個熟悉的名字，就夾雜在罪惡當中，有點像是一種映襯，一種反諷，一種對世界痛苦的呻吟。音樂與詩，他們將高傲的身軀置身於邪惡和慾望的人群之中，用堅定的腳步獨行著，而時過境遷，越多人心成為蛆蟲聚集的場所，他們卻不曾被消滅。

也許文藝的氣息，從古至今都是獨行的吧！人不讀詩書，不聽禮樂，三日必定變得面目可憎。可惜面目可憎的隊伍仍舊不停地成長，終至人心也腐敗了。腐敗的人心更喜愛暴露自己失去心智的烙印，就是許多難以置信的罪惡便於焉形成。

可是文藝仍然繼續前行，儘管詩人脆弱的心靈須要療養，但他們仍保有那水晶般澄澈透明的眼光，憂傷的望著世界，期待能有一天，音樂工廠也能成為裝設分機的企業，詩人，也將在陽光下展臂，將文人的氣息散播遠方。

文藝正在等待，就在大臺北的電話簿裡，我輕輕抄下號碼，我想我知道要撥的方向了。

範文解析

> 用詞用語十分獨到，有些使用借喻，有些使用轉品，溫柔的表達出將自己對文藝的喜愛與對社會的擔憂！在叫囂之中獨行，不免於被推擠與碰撞，甚至被擊倒而受傷，值得寬慰的是，這世上獨行的絕不止於文藝界！

>>>>>  題目 4

90年台北市聯合模擬考題

說明：前一陣子，某週刊大肆報導藝人及政治人物的生活隱私，引起軒然大波，而社會上喧喧擾擾，議論紛紛，撻伐者有之，贊成者亦有之，雜誌社甚至遭暴力份子砸毀玻璃，《聯合報》並對此刊載一幅漫畫（如右），發人深省，請參閱後發表你的看法。題目自訂，文限二百字以上。（本圖轉載自《聯合報》）

寫作步驟 121

除了有個人贊成或反對的意見之外，評論文章必須加一些可行的建議與方針。言論市場不缺乏意見，有意見沒主張，有想法沒辦法的人，比比皆是。畢竟開罵人人會呀！應試文章要懂得「避重就輕」，自己不能掌握的素

被狗仔扯破的藝人形象，你能修補嗎？

顏面修補泰斗

整型聖手

（本圖轉載自《聯合報》）

材，便不要處理，否則，徒然留下把柄，反而不利。

範　例

真相、假象、亂象　　　　　　　　余政倫

　　近來藝人和政治人物的隱私，屢屢遭到狗仔隊的侵犯，社會中也出現抵制聲浪，甚至有藝人揚言讓某週刊在臺灣生存不下去，但也未見有任何成效，原因在消費者，也在公眾人物。

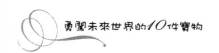
　　狗仔隊提供的資料是為了滿足大眾的好奇，尤其是對偶像的崇拜感所驅使的窺視慾。消費者的心理造成了狗仔隊的產生，即使惡名昭彰，毫無職業道德，但是在社會一片功利主義瀰漫之下，儘管反對聲浪從未停歇，但反對的實際力量卻是杯水車薪。在姑息養奸的社會風氣中，狗仔隊得以鞏固了命脈。

　　公眾人物情形更為巧妙。狗仔雜誌即使不受其歡迎，但仍無庸置疑是個傳播媒體，仍有利用價值。所以公眾人物故布疑陣，製造新聞吸收大眾焦點。口頭反對是表面功夫，上策是互相利用，互取所需，這也造成狗仔雜誌高枕無憂的氣焰。

　　在今日的社會中，消費者要的已不完全是真相。假象成了供需鎖鍊中的一種商品，狗仔雜誌是商人，公眾人物是原料供應商，然而，在環環相扣的關係中，造成了亂象。想打破亂象、破除假象，先要打倒的，是每個讀者心中的黑暗面。

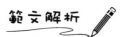

範文解析

> 　　分層敘說，最後總結的手法，使得主題一個也沒放過，可謂鉅細靡遺。

題目 5

91-1 台北市學測聯合模擬考作文題

桐城有張、葉兩家所共之牆崩圮，將復葺，兩家皆思牆之外移，張家爭之不得，乃馳書京城為相之張英，冀得奧援，張英得書，乃復七絕詩一首，曰：「千里書來只為牆，讓他三尺又何妨！長城萬里今何在？不見當年秦始皇。」家人乃讓三尺，葉氏見狀，亦退三尺。故今桐城有六尺巷者。

讀此一典故，你有獲得甚麼啟示嗎？請以「牆的獨白」為題，寫一篇約長 500 字的文章。

所謂的引導作文，必須依其引導文字的啟發而立主旨。引導之文字，必然有一些特定的感觸及思維，如本題，感觸多半是「退讓」「知足」「另類思維」，故宜找出其一感觸，當作全文的主旨。

之後，必須留神，當整篇有個指定的題目之時，這個題目便應成為同學文章的主要角度，如本題為「牆的獨白」，便應化身為一面牆，以牆的角度，第一人稱的敘求方式書寫，不能是「假如我是一牆」，因為你就是牆，才能有獨白。（獨白即英文之 SOLO，是歌曲中或戲劇中，

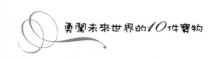

人物自述其內心情感，思想或身世的文詞。）

牆的獨白 　　　　　　　　　　　　葉士愷

　　我是一道牆，有形的亦或無形的構築在每一個「貪心」的角落，勾畫出人們的擁有，孕養了人們的欲求，我是一道無所不在的牆。

　　我並不好動，但人們常常處心積慮地，想將我再往外推個幾公分，但牆外的另一人，往往也是用盡心機地將我往內移，於是我便消消長長於人與人之間，不得一刻安寧。

　　就是因為有我的存在，人人才會不斷爭奪，為名為利；就是因為我的存在，人人才會互相猜忌，互設心防；就是因為有我的存在，人們才視大同世界的空中樓閣；就是因為我……

　　所以，搗毀我吧！在任何你可以看見的地方，在任何人心善惡的接合處。別再讓我縮小了人們的心胸，別再讓我擴大了人們的欲望。只要我不再遮蔽人們的赤子之心；社會才會變得和諧，世界才有更絢麗的前景。

　　少了我，人們將發現「既已與人己愈多」的事實，人們將能發現，放開自己藉由牆所區隔而出的財富，便能擁有整個可愛的世界。

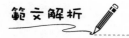

以獨白姿態，表現引導文字所提醒的無私與寬容，處處貼合題目要求。第二段使用對比方式尋找材料，牆裡牆外，人各為己，表現自私，再於第三段以論說方式明說其心態；而末二段，以「犧牲自我以求全」的無私，正可與人類世界相比。

93學測作文題

閱讀下列資料，並依要求作答。

有一個人，人們叫「大鬍子」，以下是關於他的報導。

甲、義大利籍天主教靈醫會會士、澎湖惠民醫院院長何義士修士，1924年生於義大利，十二歲加入天主教靈醫會，在斷絕財富、色慾、謹防意外三項會規外，何義士自己許下第四願：為一切病患犧牲。1947年，義士離開義大利，跟隨靈醫會的會士遠渡重洋到中國大陸雲南省行醫救人。

在雲南工作期間，眼見當地政府對痲瘋病人的漠視，當時年僅廿三歲、心懷公義與悲天憫人的何義士修士，總是難過地掉下眼淚，於是全力投入痲瘋病患的照護工作，

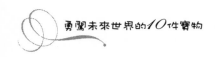

並四處籌募基金，在雲南興建痲瘋病院和綜合醫院。詎
料，他的作為，被當地政府視為具有政治企圖，最後只好
黯然離開中國大陸。何義士回到義大利潛心學醫，希望學
成後回到東方，繼續行醫。

1953年，何義士隨靈醫會的弟兄們來到當時十分落
後的宜蘭縣羅東鎮、由醫會創設的羅東聖母醫院。他視病
如親，遇有醫急狀況，不惜當場挽袖輸血給病人，一直到
他辭世為止，總計捐給台灣人三萬七千五百西西的鮮血。

哪裡偏僻，他就去哪裡。1958年他主動向修會申
請，前往離島澎湖濟世行醫，更募款興建澎湖惠民醫院。
1973年，他到台北三重創辦診所，1983年，何義士再度
回到澎湖接任惠民醫院院長職務。他體恤醫護人員辛苦，
又不放心病患，總是堅持親自值夜班，一天二十四小時不
限時、地，為病患看診。不論多晚，只要有病人求診，
他都能在極短的時間內趕走疲憊，改以笑臉面對病人和家
屬。因為他堅信，醫師給病人的信心是最佳良藥。

乙、1999年8月剪報

1.在澎湖奉獻近半世紀的天主教靈醫惠民醫院院長何
義士，於8月15日傍晚在未為人察覺的情況下，坐在院內
客廳的椅子上安詳的走了，享年七十五歲。他生前曾獲頒
三次的醫療貢獻獎，也曾獲得其祖國義大利頒發的最高榮
譽騎士獎章，他的逝世留給各界無限的哀思。

惠民醫院修士韓國乾表示，何院長走得很安詳，臉上
還泛著紅潤的光澤，如同在安睡中，在教會來說，這是天
主因何義士為中國病患付出一生而給的榮光。

韓修士回憶指出，15日上午，何義士還主持聖母昇天彌撒，神情愉快且精神飽滿，中午用餐後，騎著腳踏車外出運動，下午四時許回到院內，一如平常般，熱情地與人打招呼。接著獨自一人至院內五樓的客廳小憩，至六時許，韓修士依慣例至五樓客廳請也下樓用膳，只見何義士安詳的坐臥在椅上，狀似熟睡，韓修士輕搖他的肩膀，發現沒有反應，立即召請值班醫師急救，但已經晚了一步，醫師研判是心臟衰竭。

2.經何義士修士診治過的病人，對他留著美麗的大鬍子有著極深的印象。與他接近的人都知道，他之所以留著大鬍子，是因為在他廿三歲離開故鄉時，母親曾對他說：「維護神職人員形象最好的方法，就要像個愛心的老者。」從小受母親影響甚深的年輕何修士，於是開始蓄留鬍鬚，立志做個有愛心的人，做個具有好形象的神職人員。

3.何義士最常掛在嘴邊的一句話就是：「人不能決定自己的容貌、身高，但卻可以選擇生命的樣式。」因此終其一生，他都決定選擇在雲南或是澎湖這些偏遠地區，為病患服務。他自奉甚儉，別的修士不穿的衣服，只要能穿，他都會愛惜的撿拾來穿。他一輩子關心別人，為他人設想，晚年仍時時掛念雲南的痲瘋病患，為了興建那兒的第二座痲瘋病院，何義士正在趕寫一本有關雲南痲瘋病患的書，準備在聖誕節前出版，以便募款。為此，他常趕稿至凌晨兩三點，過世的前一天晚上，他仍在熬夜趕書。

4.何義士在澎湖的最後一段路程，僅有教友、院內同事及少數曾被何義士救活的病患排在棺木兩旁陪著他，走

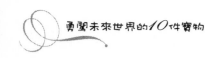

得冷清,不少人忍不住為他叫屈,當場痛哭起來。

現在,讓時間重回1999年8月14日晚間——也就是何義士生命的最後一晚;他坐在桌前寫稿,忽然覺得身體不適,於是起身走動,回座後深感自己已然年老,過往歲月一幕幕浮現於眼前,他不禁陷入沈思之中……

此時此刻,他會想些什麼呢?又會向上天祈求什麼呢?閱讀上述資料後,你對何義士修士的人格、襟懷與志業當有所認識、了解。在此基礎下,請以其眼為眼、以其心為心,用第一人稱「我」寫出何義士生命最後一晚的所思所感、所祈所願。

【注意】1.不必訂題目,且文長不限。

2.不得直接重組、套用各則報導原文。

書寫之前,必須先掌握文本重點,再發揮個人想像。若平日養成對周遭人事物敏銳的觀察力和感受力,擴大自己的生活視野與心靈觀照,寫作之時,會有較佳的表現。

本題取材含有社會關懷之意識,讓人領悟:人道、無私與奉獻,使這位平凡人顯得何其不凡,何義士沒有諾貝爾獎的光環,沒有名聞遐邇的聲望,沒有炙手可熱的政治權勢或影響力,也沒有富可敵國的雄厚財力,但他流露的生命光華,真是令人感動與欽佩。若書寫的內容針對性不太夠,彷彿可適用於任何一位富有愛心、長久奉獻心力於

病患、又有宗教情懷的人身上，應該會影響分數。

　　不少同學僅以「祈禱文」形式寫其願、以「感謝銘文」方式表述所思，如「祈求世界和平，人類永無病痛之苦」、「感謝上帝使生命豐富」、「告慰自己不虛此生」都流於空泛，無法精準深入其生命。

範　例

高介其

　　夏日的夜空，繁星羅佈，皎潔的月光照耀著大地，此時，我的心境也如同眼前的景致一般的寧靜、安詳。

　　回首我一生漂泊不定的足跡，走過了雲南、宜蘭、澎湖等地，救了無數的生命，人生就像一本畫冊，內容如何，端看個人如何描繪，我選擇了奉獻我的人生給這個世界。過程中即使充滿了荊棘與障礙，但我並不覺得苦，病人們露出的真摯笑容，是我心靈最大的慰藉。回想當年年輕力壯，懷著一顆充滿熱情的心，想要幫助更多的人，但歲月是殘酷的，如今的我已是個七旬老翁，年老體衰的我，想要去幫助更多的人，心有餘而力不足。

　　今晨，我騎著腳踏車，在這個我視為「第二故鄉」的土地上馳騁，感到無可言喻的平和，我祈求人間處處都充滿這般寧和之氣，不僅僅是我所關注的人們而已，並希望人人都能不吝奉獻自己的愛心在有需要的人身上，期盼有一天，那些受苦難的人們也能笑口常開與體會生命的美好。

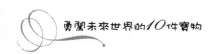
　　我不清楚這身臭皮囊還能供我使用多久，只期望在有限的時間內為病患們多做點什麼。儘管我想繼續奮筆疾書，但手仍然是不爭氣地顫抖著，突然間，筆掉了，我這時才意識到——該休息了！我隨意找了張椅子坐著，看著自己的手，上面密佈著大大小小的皺摺，帶著些象徵老年的深褐色斑點，我不禁搓動我的雙手，觸感卻是那麼粗糙，猶如一頭年邁的老象。歲月在我身上留下的痕跡，說不定就是天使們尋找的依據。

　　人生最大的苦痛，不是死亡，而是沒有完成夢想，我想要幫助更多的人，像一根蠟燭般，為這個世界發光發熱，但我這根蠟燭似乎已燒到了盡頭，神啊！請再多給我一些日子，讓我能這僅剩的日子，鋪寫出我人生中最美的篇章。

範文解析

　　第二段概述過往時日，第三段詳寫今日早晨，全文詳略相間。第四段寫對未來的期望，再以祈禱未來收束。本文掌握何義士最常掛在嘴邊的話是：「人不能決定自己的容貌、身高，但卻可以選擇生命的樣式。」而寫，強調出個人的選擇，頗具內容針對性。

題目 7

91-2 台北聯合模擬考作文題

口與鼻爭刀下口曰：「我談古因是非，爾何能居我上？」鼻曰：「飲食非我不能辨。」眼謂鼻曰：「我近鑒毫端，遠察天際，惟我當先。」又謂眉曰：「爾有何功居我上？」眉曰：「我雖無用，亦如世有賓客，何益主人？無即不成禮儀。若無眉，成何面目？」（唐《語林》）

以上是一則寓言，請詳加閱讀後，思辨其中所欲表達的主題，以之自訂題目，寫一篇文章。文長不得少於500，未定題目者扣3分。

寫作步驟 121

「思辨其中所欲表達的主題」，再由此訂題目而寫，這個要求，同學們皆能掌握，多數同學們也能依題取材，唯此為論說文，同學們最好能依論說文的要求，多加「例證」，才不至於有太多論理文句，使文章顯得枯燥無味。

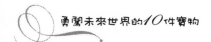

範例一

天生我材必有用　　　　　　　高振豪

上天所賜予的生命，必定是非凡的，沒有任何一個生命的表現會跟另外一條生命出現完全的交集。正就是這種獨特的存在，世界變得更加多元、豐富。

所有東西的運行都來自每個小東西的和諧作用：沒有水，沒有了雲；沒有土地，沒有了樹林；沒有了樹林，沒有了生物。再怎麼讓人讚嘆的事物，絕對少不了小到不起眼的成分，如果有輪子卻少了引擎，車子要如何行走呢？各司其職的每個小生命、小零件，成就了巨大的生命、物體，乃至於無窮盡的宇宙。這獨特的生命鏈，建立在自我的認同上，一句：天生我材必有用。

歐本・海墨，美國的火箭之父，在學校課業表現平平，卻循著自己的興趣，找到自己想要的路。朱棣文，現任美國能源部部長，自小到大功課方面總是家中第三，前後兩位兄弟的光輝下，他很難發光發熱，然而他依興趣，找到所長，如今是華裔的美國能源部部長。林懷民，書香世家的第三代，不是醫生，不是律師，卻是一位舞者。抵抗家庭背景的壓力，執著於自己對舞蹈的熱忱，他一樣證明天生我材必有用。世界各地每天、每時、每分、每秒，都有著人運用著上天給他的天賦，成就自己。缺一不可的組成了這大千世界。

每個人都有其存在的意義，我如是，他人亦然；我和他人彼此成就彼此，他人和我成就一個和諧的宇宙。

範文解析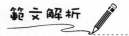

> 物例人例，使文意明顯。

合作　　　　　　　　　　　洪國原

　　天生我材必有用，反之，天生我材必有短處。是故，沒有一件事是十全十美的。然而，在這不完美的世界裡，卻常存美好，因為只要人們能各自扮演好自己合適的角色並盡己所能，那麼，我們便能期待明日更耀眼的朝陽。

　　矛擅攻，盾能守，兩者皆有所長，若兩者相爭，必有所傷。人生在世，並非一定要比高低、爭輸贏，雖說適度的競爭可以使人力求上進，但過度的競爭則成為惡性爭鬥，只會使人一味的比較，徒增彼此的傷害。相反的，認知自己的能力，與他人合作行事，是否比較有意義？

　　人們常說一粒沙太過渺小，但積沙卻能成塔；一滴水不夠雄偉，但集水卻能成海。一個人能有強大的力量，但仍有限，若經由合作，哪怕其中個人的力量有多微小，不斷聚集、累積，終能成就無限和完美。

　　合作是化學中聚合的方程式，讓我們更強大，卻也是催化劑，令人們更快速的達到成功，口、眼、鼻、眉，個個皆有其用，缺一不可。人人都能借自己能力闖出一片天，又何苦束縛於高低成敗？不如攜手合作，共創更美好的未來。

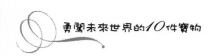

範文解析

　　善用物例及排比，累積文氣。人文內容取用「方程式」「催化」等科學用語，頗顯逸趣。

寶 物 十

地球是平的

前言

　　近年不但天災人禍不斷，連災難電影也大行其道。火山爆發、龍捲風作祟、連彗星也要來撞地球。這些精彩緊張的電影情節，一旦成了現實，恐慌在你我左右之時，我們應該怎樣描述，如何自處呢？甚至，sars肆虐、爭戰不休、水災風災地震土石流時時出現，災難作文會不會成了主流文學呢？

　　天災人禍的作文題目，現實意義很強，傳播媒體的報導可以提供很多材料，仔細讀報聽新聞是一個很重要的工作。

　　這類作文必須從現實事例談起；反面批評不當的作法與態度；正面提出解決困難的方法；同時，字裡行間，必須飽含生態保育的責任觀念與以人為本的良知思維。

　　國家地理駐會探險家維德戴維斯，在96年4月28日一場演講中提到「全球人類遺產有一半無法留痕，但這其實可以避免。」文化多樣性消逝，是全人類的遺憾。同學們寫作，與其只停留在「人類存活」的重要，不如強調「物種存活」的概念來得好。

　　除了嚴肅的討論議題之外，美好的寫景或記敘文字也是必要的零件，透過美好事物的傳遞，人道的美好才能具體可觸，同胞血脈才能清晰可見。就像顏崑陽教授所說：「每個人的記憶中，都可能會有一條印象最深的路，路面

鏤印著他疊疊的履痕。」透過文字，我們可以保有這些美好的舊有的回憶，透過努力，我們可以讓這些美好持續！

　　文學作品可以是對現狀的一部起訴書，莊重且神聖地要求自己、責求他人，縱使憤怒是推動世界改變的巨大力量，我們仍需要小心以待。很多同學對大方向的事務，只有無力的抱怨與批評：，批評政治不重視暖化議題，重視的民眾無權無勢之類的抱怨，雖然抱怨屬實，但無濟於事。法鼓山推動四種環保：心靈、禮儀、生活與自然。四項都有一個基礎要求：簡樸少欲的生活。聖嚴法師說：「一切從個人做起」，一個人淨化了，就是推廣自己的意見，讓更多人淨化。台北市教育局在4月22日發起中午關燈一小時，全台北市關燈一個小時，可以省17000度的電力，近36萬的電費，10公噸的二氧化碳，相當於134坪林地樹木一年的二氧化碳吸收量，短短一小時，小小台北市，可以做的到何等無限呀，「誠者，物之始終，不誠，無物！」中庸這樣說，不是嗎？

　　1985年，美國有一場義演，其中一首主題歌的副歌詞說著：「We are the world, we are the children！ We are the ones who make a brighter day, so let's start giving ！ There's a choice we're making we're saving our own lives ！ It's true we'll make a better day just you and me ！」這個道理，中西皆同。

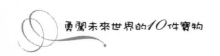

生態衛生類

99學測作文題

　　２００９年８月，莫拉克颱風所帶來的驚人雨量，在水土保持不良的山區造成嚴重災情，土石流毀壞了橋樑，掩埋了村莊，甚至將山上許多樹木，一路衝到了海邊，成為漂流木。

　　請想像自己是一株躺在海邊的漂流木，以「漂流木的獨白」為題，用第一人稱「我」的觀點寫一篇文章，述說你的遭遇與感想，文長不限。

　　依題要求，「用第一人稱『我』的觀點」，設想自己是躺在海邊的漂流木，因此，明確是一篇「情境寫作」。而文後，又有一句「述說你的遭遇與感想」，所以，既要

寫遭遇，也要寫感想。

遭遇必然與風災有關，同學可以透過回憶莫拉克颱風後的相關報導，將災情以畫面方式呈現，盡可能設想著在漂流過程中，可能看到什麼？可能聽到什麼？嗅到什麼？嚐到什麼？

感想部分可憂可怒，若從引導文中的「水土保持不良的山區」仔細思索，應可推得：其發生原因。自然氣候的變異，多半肇因於人為的破壞；人為的破壞環境，多半來自於人性的貪婪及無知。這些都是可以寫入文章的材料，然而，若能更把握住漂流木的無辜，在主旨中多些人道關懷；必能更具價值。

最後，務必記得，文長不限的文章，至少五、六百字方可具有份量。

範 例

漂流木的獨白　　　　　　　鄭辰彥

風雨已然過去，僅剩下微弱的波浪拍打著我的身軀，我看見一老翁正頂著灰暗的天空走來，一邊彎腰翻撿，不時有木塊從他手中零星掉落；我漸漸憶起那一趟災難之旅。

昨日，在熟悉的山頭，一片熟悉的鳥鳴之中，我緩緩地甦醒，望見山坡上又蓋起了一棟房屋，這對我而言早已司空見慣，在這山的四周早已都是房屋；聽新來的一對檳榔兄弟說，在山下的河畔，還有一片很大的村落。午後，一片烏雲

佔據了天空的半個畫面，幾隻鳥來向我道別，他們說這次的
風雨非同小可，已經讓很多地區的鳥兒們都撤離了；我揮舞
著身軀送走他們的背影，可惜我哪裡也去不了，這天晚上，
我帶著不安入眠。

「崩！」一聲轟然巨響，我在夜空中躍起，接著落入滾
滾黃泥之中。我感覺得到我正在快速地往山下移動。途中我
與檳榔兄弟相遇，還來不及開口就被一股激流沖散。經過河
邊時，我想起這裡似乎有個大村子，我在浩浩泥流中使盡全
力地轉身，儘管我努力地四下張望，別說是村子了，連一根
煙囪也不見蹤影，抬起頭望著那曾經是我家鄉的山坡地。

原本蓊蓊鬱鬱的一片青綠瞬間成為瓦礫堆覆蓋下灰褐的
裸岩，我不禁嘆息著，再往上一瞧，家鄉的人們受困於磚瓦
之間，呼喊摯愛親人名字的聲音此起彼落，聽了好不心疼。
我的同伴們，有些與我有著相同遭遇──被連根拔起、沖刷
至海邊；有些東倒西歪地豎在山坡上，有些早已遭埋深土，
不見天日，一陣疲倦襲來，我慢慢地在黃流中失去意識。

微弱的波浪依然有規律而無感覺地拍打著我，老翁突然
出現在我的視野中，他扔擲了幾塊毫無生機的木塊，接著將
我拾起，一邊喃喃自語：「這塊好……」；老翁轉身步至一台
停靠在路邊的小卡車，並將我放在車的後方，我仔細傾聽山
的那頭，想保留一點鳥鳴，卻聽到一片寂然；小卡車隆隆發
動，我不知道我會前往何處，但可以確定的是，那將會是個
沒有鳥鳴的地方。

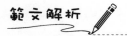

範文解析

> 以倒述方式完成獨白。漂流木的遭遇分為變動前中後三段完成，極見詳細。漂流木用「檳榔兄弟」以及「建築物」暗示水土保持不良主因在於濫墾濫建。漂流木本身在變動時，既關心同伴，也關心異己的人類，可見心胸廣大。最後老翁帶離漂流木，即使是新生活開始，作者仍以一句「那將會是個沒有鳥鳴的地方」表明了對災變的遺憾。

 題目 2

93年語文表達能力測驗研究用試卷二

「溫室效應」常被誤認為是現代科技的負面產物，而且背上了自然環境主要殺手的罪名。科學家的研究發現「溫室效應」是維持地球表面溫度穩定的重要機制，地球在約四十六億年的壽命中，受到溫室效應的「保護」已逾三十億年，所以「溫室效應」也是地球生物(包括人類)得以存活的主因之一。

太陽的輻射主要以可見光與紫外線通過大氣，照射地球，使得地表變熱。這些熱量會以紅外線的形式再輻射回到大氣中，其中一部分逸散到外太空，但大部分的紅外線會被大氣層中的「溫室效應氣體」所吸收。地球的大氣層就像是溫室的玻璃罩，維持了地表的溫暖，地球上也因此才能存有

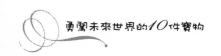

生命，所以「溫室效應」也可說是大自然天賦的保命效應。

常見的「溫室效應氣體」有水蒸氣、二氧化碳、甲烷等。人類的活動對大氣中水蒸氣總量的影響十分有限，但工業革命後，人類的活動使大氣中二氧化碳、甲烷及氮氧化物的存量明顯增加，部分科學家相信增加的溫室效應氣體會吸收更多大氣中輻射的紅外線，導致地表的溫度上升，也就是造成「全球增溫」現象。

為了瞭解大氣中主要的「溫室效應氣體」含量及其對全球增溫現象的影響，科學家引用「溫室效應指數」，就是以二氧化碳為標準，估算定壓下每單位體積氣體所吸收的紅外線輻射量。下表陳列了九種氣體在「大氣中的體積百分比」及其「溫室效應指數」的數據，此兩者的乘積可用來表示這些氣體在大氣中對溫室效應的貢獻。

譬如(A)氮氣與(B)氧氣固然在大氣中含量大，但是其「溫室效應指數」皆為0，就是氮氣和氧氣都不屬於「溫室效應氣體」，對溫室效應沒有貢獻。(H)與(I)都是「氟氯碳化合物」簡稱氟里昂(freon)，是冷媒、噴霧劑的主要工業用劑。「氟氯碳化合物」吸收紅外線輻射的能力甚強，所幸在大氣中的存量不大，對溫室效應影響有限。

第(C)至(G)項可能是造成「全球增溫」現象最主要的氣體，數據顯示，水蒸氣對地球表面溫室效應的貢獻量約是二氧化碳的三十倍。雖然大氣中的二氧化碳主要來自生物的呼吸作用，但許多人認為現代科技與工業應對二氧化碳排放量的增加負責。甲烷的主要來源是油氣、沼澤與畜牧業，而人類使用內燃機的工業及交通工具所排放的廢氣則包含了氮氧

化物與臭氧。

選項	物質	大氣中的含量（體積百分比）	溫室效應指數
（A）	氮氣	78	0
（B）	氧氣	21	0
（C）	水蒸氣	1	0.1
（D）	二氧化碳	0.03	1
（E）	甲烷	2×10^{-4}	30
（F）	氮氧化物	3×10^{-5}	160
（G）	臭氧	4×10^{-6}	2000
（H）	CCl_3F	2.8×10^{-8}	21000
（I）	CCl_2F_2	4.8×10^{-8}	25000

　　閱讀上文及參考表中資料，寫一篇文章，就各種「溫室效應氣體」對「溫室效應」的貢獻，論述二氧化碳的排放對「全球增溫」及「溫室效應」的影響，以及以數據為決策依歸的優缺點。

寫作步驟 121

　　依題目分析，本篇有兩個重點，其一要論述二氧化碳排放的影響，另一則是數據為決策依歸的優缺點。然而，請留神題目中「寫一篇文章」的要求，既是「文章」，便應該有頭有尾，以前方兩個要件為內容的一篇文章。（若未要求寫一篇文章，則可以用條列方式，讓自己的論述明

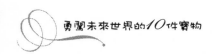
顯呈現。）

　　其次，任何文章都懂得割捨題目所提供的「不重要素材」，如解釋什麼是溫室效應，數據中的各項代表意涵等，都不是重點，都應立即割捨，才不至於東拉西扯，談不到重心。

　　論述之作，清楚明白為準，不必加太多「文學」修飾，免得模糊了焦點。

溫室效應與二氧化碳　　　　　　林晨軒

　　拜溫室效應所賜，地球得以營造豐富生態的大千世界。然而，近年人類活動導致排放大量溫室效應氣體，使溫室效應急遽增強，造成全球增溫。對此，人類正努力探討其中前因後果以及因應此趨勢的對策與措施。

　　根據數據顯示，二氧化碳對溫室效應的貢獻量僅次於水蒸氣。然而，水蒸氣量變化微乎其微，二氧化碳卻因人類活動急速增加，成為全球暖化的元兇。生物的呼吸、垃圾的燃燒、廢氣的排放、森林的砍伐，都是造成此結果的原因，而在科技愈來愈進步的現代社會中，這些活動只會更繁多，二氧化碳排放量也將持續累加，因而吸收更多紅外線，溫室效應加強，最後造成全球增溫。如果人類不再設法控制二氧化碳排放量，地球將經歷一場生態浩劫。

　　為了能有效治理全球增溫，人類製作數據以確實掌握根

本問題。數據可以引導我們一個方向，並同客觀地呈現我們所需要的資料，協助正確地實行治策。由於數據是以科學方法求的，它的精確度與可信度相對地也較其他方法來得高。然而數據並無法完整地呈現所有隱藏的因素，它只能顯示部分比較重要的相關資訊。如果我們完全依照數據作決策，那麼我們極可能操之過急或疏忽怠慢，因而誤了整治地球環境的大事。

全球增溫在我們的面前，猶如一頭兇悍的公牛，而我們正是那西班牙鬥牛士，必須迎面而戰，失敗了更是罪無可逭。只要我們人類利用智慧，小心地利用數據並嚴謹控制二氧化碳排放，全球增溫現象必定趨緩，美麗的生態環境也能夠再次活躍在地球的舞台上。

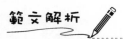
範文解析

> 針對提問而發，寫作能兼顧論文內容之豐及形式之美。文末的譬喻，很具緊張性。

題目 ③

97年語文表達能力研究用試卷1

躺下，被褥，磚牆，瓦礫，黑暗，挖土機，搖撼，
呼喊，封鎖，倖存者，死亡名單，部落，何罪之有，
貪官，勾結，難道，血祭，流離，靈魂，守護

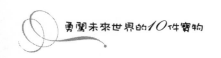
　　上述二十個詞語，出自簡媜散文〈秋殤〉。請任選五個，融入自己所設想的情境，寫成一段描述災難現場的文字，文長約300字。

　　注意：

1. 不得以詩歌的形式表現。

2. 災難可以是自然災害，也可以是人為災禍，不必是真實的經驗，也不必是在台灣發生的。

3. 從題幹選用的詞語，限定五個，須在每一詞語旁畫線標示，例如：「時間在此凝固，永遠地封鎖了。」「封鎖」，即是選用的一個詞。

寫作步驟 121

　　取五個詞寫一段「災難現場」的情境。同學們第一要注意限定的詞務必加標線，其次要注意寫的是「現場」，所以不要全篇「獨白」。而寫「現場」意味「景」要深刻描述，不要只是做「事件」書寫，或是「道德」控訴。

　　這個題目只要用了五個詞，寫了災難，就有Ｂ以上的等級；至於高低之分，端看「現場」細節寫得詳盡與否。只寫事件的，只能有Ｂ——；有現場描述的，即有Ｂ或Ｂ＋的成績；若再加上文采，即可躍升Ａ等級。

　　本文為短文，務請著重於文采的表現，以期在最短的時間內，搏取閱卷者最多的喜愛之心。

範例一

朱昀

　　在騎樓旁的廢紙堆中，只見一星火光若隱若現，誰也不知道這將造成多大的傷害。首先是一排排的機車、腳踏車受火舌親吻，然後一樓的店面也陷入其中，順著易燃的物品，火勢逐漸向上延伸，在<u>黑暗的夜空</u>下，與星月共同輝映。「失火啦！」一聲驚呼刺破黑夜的寧靜，如同引線般，<u>呼喊聲</u>開始此起彼落，無情的火勢欣喜地吞沒整棟公寓，濃密黑煙遮蔽月光。火勢愈燒愈旺，陽台鐵柵欄邊<u>封鎖</u>了樓上住戶的生路。消防車終於來了！筆直晶亮的水柱衝向火焰，但效果似乎有限，一旁<u>倖存者</u>不住高聲叫罵，陽台上傳出陣陣哭喊聲。天快亮了，明晨會有多少無辜的<u>靈魂淌淚</u>？

 範文解析

　　以視覺與聽覺交錯出慌亂無措的火災現場。與天空的對比，有「問天」的無奈；對「明日」的問話，有對生命的無助。

黃與義

　　九月十一日，一架載滿乘客的客機像飛鏢插入般，落在美國市中心的巨大紅心──雙子星大廈。大樓在短短十幾分鐘內垮下，瞬間濃厚的煙塵如罩傘般瀰漫數十里的街道。路人目瞪口呆的看著他們最驕傲的建築一層層擠壓變形，最後化為由瓦礫及哀嚎構成的地獄；從大樓逃出的倖存者，在躲過死神的索命後仍驚魂未定，大樓殘骸下，許許多多的罹難者，在挖土機轟隆隆的運作下，一個個被找到，仍有上百人屍骨無存，成了驚世駭俗攻擊下的血祭品。或許對狂熱的伊斯蘭教徒而言，這場攻擊合情合理地教訓了美國政府，只不知接受折磨的百姓又何罪之有？

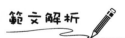

> 善用譬喻手法，重現九一一場景。

97學年度台北市立成功高級中學高三課堂習作

　　一百多年前光與暗的分配是平均的／當夕陽溜向北半球的滑梯／宇宙的傘／帶來了南半球的夜晚／人們謙卑的讓位

／順從萬物和諧韻律的重整／惜蟲鳥野獸的心聲

　　一八七九年／愛迪生叛逆了這個法則／把黑夜倒反成白日／延長人類在地面上的權威／使疲倦的肉體／繼續燃燒剩餘的欲念（節選自曾貴海《愛迪生，他的電燈》）

　　懂得與自然和諧共處的年代，地球與人類供需平衡；但當人類擴張欲望，「勤奮」開發地球之後，反而落得物資逐日匱乏的窘境；在「我們只有一個地球」的旗幟揮舞了數十年後，我們地球的卻更是千瘡百孔。面對這個困境，你有什麼想法？又有什麼因應之道呢？

　　注意：請自行命題，並寫下六百字以上，結構完整的作文。

　　提到環保，其實就跟提到人與自然的關係一樣。只不同的是，前者必須側重在「責任」書寫。如世界知名的環境保護主義者瑞秋卡森的作品，都是由自然開始著手，將環保意識內建。1962年，瑞秋‧卡森女士《寂靜的春天》一書甫在美國問世，立即引起熱烈的爭議及迴響，繼而成為轟動全球的警世木鐸。三十多年來，卡森女士在本書中的先知與遠見早已獲得證實。

　　寫及環保，除了自然之外，最好有「美醜」「生死」等的對比，才能表現出急迫性。此外，若能強化「未來」

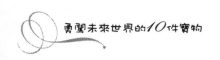
感，我們對地球的責任不只是讓自己存活，更重要的是讓後代子子孫孫也有存活的機會。

永續經營地球　　　　　　　　　　　陳皇志

「天生萬物以養人，人無一物以報天」相較於人類，天地的付出實在難以計數：幽幽的流水默默滋潤廣袤的綠野平原；流星輪月，燦爛了一季的星空；蒼狗般的白雲，縹緲著遠山；鳥語花香，詩意了天地萬物。某一天，這一切全成了虛幻泡影，成為不堪回首的從前，有誰能夠接受呢？

「永續經營」是大家環保意識抬頭下的口號，不只是要顧及其他人使用資源的權利；更要確保下一代的使用權。這項偉大計畫不只是你我之間的事情，而是全地球人類共同努力的目標。每個人小小的破壞累積起來就足以毀壞地球；不過人人一點點珍惜就能使地球永保青春。

科技是環保的最大罪魁禍首。大家習慣以汽車為代步工具，一戶一輛不算什麼，但是全世界好幾億輛車所帶來的空氣污染就不容小覷，酸雨、溫室效應都是它所導致的負面影響。還有現在工廠櫛次鱗比，一條排放出烏濁黑煙的煙囪和那流放出惡臭難聞污水的水管就好比是大自然環境的無情殺手，河流不再清澈，空氣不再新鮮，一切都要怪罪它。冷氣、冰箱也是大自然的破壞者，它們所使用的冷媒足以使臭

氣層哭泣，讓紫外線乘虛而入……。更讓人嗤之以鼻的是，這一切都是由人類親手造成，如果再不重視環保問題，恐怕地球就要栽在你我手上。

重視之餘，更要找出應對的辦法，由大家齊心努力解決：出門盡量搭乘大眾運輸工具，甚至在時間、路程許可的情況下，步行前往，這樣一來可以鍛鍊身體，又可以避免空氣污染，一舉二得！工廠可以加裝空氣和污水處理器，如此一來大幅度降低污染程度，河川裡的魚又可以再一次無憂無慮的優游。氣溫未超過28度Ｃ絕不開啟冷氣，增加冷媒壽命，也是減少了使用量。如此作法，即使沒辦法補起臭氧層的破洞，但是一定能減緩破壞。

孟子曾說：「不違農時，穀不可勝食也；數罟不入洿池，魚鱉不可勝食也；斧斤以時入林，材木不可勝用也。」早在春秋戰國時代就有環保意識，而且當時科技不發達，並沒有什麼污染源，就有如此思維，更何況現今人類處在以科技以主流的時代呢？地球——萬物共存的環境——只有一個。難得一見的鳶飛魚躍，曾幾何時的星月爭輝，如果都腐蝕在科技之毒，沉淪於貪婪之爪，我們所認識的天地，將在轉交給下一代之前，土崩瓦解。與其等到山窮水盡的末路窮途中，才空留難以挽回的遺憾，不如善待地球，從現在做起。

環境保護先由自己做起，不必在意別人有沒有做到，如果每個人都有這種態度，我想「永續經營」，不再只是口號，而是一種個人的實踐。

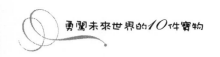

　　以天地美景為引子，說明遭破壞後可能不再存在的可能，對比之下，極具震撼力。第二段解釋題目。「每個人小小的破壞累積起來就足以毀壞地球；不過人人一點點珍惜就能使地球永保青春。」對比得宜。然而，為了與下段的負面素材相連，這個對比可以先正後反。接著寫負面素材，將環保罪魁點出。爾後再寫應對方案。最後再將簡寫地球美景，以期許收結。全文論點明晰、取材翔實、文筆順切。

▶▶▶▶ 題目 5

93年語文表達能力測驗研究用試卷

　　(一)仔細閱讀下列有關臺灣的資料後，你對自己的土地有什麼不同的認識與發現？請寫出最令你驚嘆之處。
　　(二)請統整你的生活體驗、生態知識及對風土人情的認知，以「曾經，有這樣一座島嶼」為題，勾勒臺灣面貌，抒發自我感懷，寫成一篇完整的文章。(文長不限)

甲、寒帶生態的南限
　　黑森林是指冷杉、雲杉等針葉樹所形成的森林，主要分布在北半球地區，所以也稱為北方針葉林。在北緯50～60度地區，黑森林出現在低海拔，而緯度較低的地區因氣候較

溫暖，黑森林只能分布在較高海拔的山地。因此位於北回歸線上的臺灣，在海拔3000公尺以上的高山，可發現大面積的黑森林。赤道附近的熱帶地區就得有5000公尺以上的高山，才可能提供黑森林生長所需的溫度條件。然而環視東南亞地區，最高峰為婆羅洲的神山，海拔僅達約4100公尺，因此黑森林無法在此地生存。也就是說，黑森林代表著寒帶生態，而臺灣是全世界黑森林分布的最南邊界。

乙、熱帶生態的北限

紅樹林是熱帶河口半鹹水環境的溼地森林，主要分布在南北緯20度之間，全世界約有50~60種樹木生長其間。臺灣位在世界紅樹林分布帶的北緣，所以種類較少，不過南北狹長的臺灣，提供了隨緯度遞變的生態空間，因此可以看到紅樹林種類由南往北遞減的變化：高雄有6種，臺南5種，新竹只有2種，台北僅剩1種。由於東北季風的影響，臺灣北部的冬季溫度偏低，熱帶性的紅樹林植物大多難以生存，僅有較能忍受低溫的水筆仔仍可存活，這也是淡水河口形成多處水筆仔純林的原因。紅樹林是一種河海交會處特殊的生態系，淡水河口的水筆仔純林更告訴我們，它是肉眼可見，全世界熱帶往北分布的最後一個腳印。

丙、古老生物分布的東限

臺灣島約在2百萬年前隆升出海面，且形成大致類似今天的外貌。當時剛好遭逢2百萬至1萬年前地質史上所稱的冰河期，全球氣溫普遍降低，臺灣低海拔的氣溫，有時類似今日阿里山（海拔約2000公尺）的溫度，有時則類似今日合歡山（海拔約3000公尺）的溫度。許多高緯度地區的生物

因無法忍受冰封而滅亡，有些則遷往較溫暖的南方。北緯20~30度之間的區域可說是當時古老生物的避難所，臺灣即位於此一範圍之內。冰河期全球冰層加厚，由於全世界水的總量不變，相對造成海平面下降，所以，冰河期之際臺灣海峽底部露出水面，而位在大陸棚邊緣的臺灣就變成亞洲大陸的一部齪，因此古老物種在南遷的過程中，得以進入臺灣。從全球的角度而言，臺灣是一個年輕的島嶼，可是從生物的角度來看，臺灣的生物具有古老的血緣。

丁、北回歸線上的綠寶石

北緯20~30度之間，是冰河期的生物避難所，可是此一範圍在當今的大氣候下，大部分地區都變成沙漠或半沙漠的乾旱環境，例如非洲北部的撒哈拉沙漠、中東的沙烏地阿拉伯、墨西哥北部的乾旱地區。其中只有一小段，即喜馬拉雅山東部至臺灣一帶，土地會自行發展出綠色的森林。而臺灣又剛好是那一小段範圍之中，具有較大面積海洋性氣候的島嶼，因此樟樹王國應運而生，同時也孕育出山地雲霧帶的檜木巨木林。

戊、島中有島的島嶼特性

臺灣四周環海，生活在島上的生物，等於是被隔離的一群，而隔離是一個新物種形成的必要條件之一，同種生物在不同地區的族群，彼此會因隔離而產生基因交流中斷的現象，久而久之，兩族群將各自獨立演化，最後形成彼此不同的物種。冰河期進入臺灣的古老物種，在海峽形成之後，與亞洲大陸的物種彼此隔離，逐漸演化出不同的特徵，因此臺灣具有為數不少的特有種或特有亞種。

　　臺灣產生特有物種的另一個原因，是因為高山眾多。由於距離以及被較低海拔不同的生態環境所隔離，在不同高山上的同種生物相互基因交流困難，所以高山與高山之間就像一座座島嶼般，同種生物彼此不相往來，這樣的情況提供許多生物族群獨立演化的機會，這也是為何臺灣在狹小的範圍內能擁有許許多多不同類生物的另一個原因。

己、細膩、多樣的棲息環境

　　攤開任何一張世界地圖，不難發現臺灣只佔世界陸域極小的一部分，我們可以想像從嘉義海邊至玉山山頂的距離，在同一張地圖上一定非常短，不過其生態變化卻非常大，因為包含了熱帶、亞熱帶、暖溫帶、涼溫帶、冷溫帶、亞寒帶以及寒帶等各種生態環境。走一趟嘉義海邊至玉山山頂，就好像由赤道穿越低緯度、中緯度等地區，最後到達高緯度的極地一樣。如以同樣的尺度審視全世界各地，恐怕很難發現在如此短距離裡有那麼多生態變化的土地，所以說「在短距離或小範圍裡擁有多樣生態環境」是臺灣的一大特色。

　　從近處來看，也是變化多端。臺灣多褶曲地形，因此在小範圍內會看到稜線、

　　山頂、山坡、山谷等小地形單位，同時山坡又有凹入和突起的部分，凹入處常可見小山溝，許多小山溝匯入了山谷小溪，如再加上陽光的影響，同樣一座山，向陽坡與背陽坡的生態就大為不同。另外，季節性盛行風對小地形的生態也會有所影響，受風面大的地方，如山頂及近頂稜脊，其溫度較山坡及山谷為低，生態上的表現也會顯得不一樣。就生態而言，不一樣的環境即代表獨特的一套生物，臺灣有「生

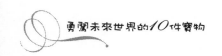

物王國」之譽，究其原因正是細膩分化的生態環境使然。此外，一萬年來各種不同文化背景的人類，也在這多樣化的環境裡，有著安身立命的空間。

寫作步驟 121

這個題目分為兩部分回答，同學們務必分清楚標題，依序回答。

第一部分要寫出「不同的認識及發現」，所以請不要直接翻寫題目中提供的素材。

第二部分以「曾經有這樣一座島嶼」為題，暗示要做出「今昔對比」。可以只緬懷昔日，但千萬不能憂慮明日的島嶼。另有同學真的只整理了所提的素材，忽略了「自己生活體及認知」，少了自我感懷，反而離題。

範 例

楊上緯

（一）

所謂「一沙一世界」正是指台灣獨特的生物景觀。我最驚嘆的是台灣這恰到好處的位置，不偏不倚地落在北回歸線上；加上四面環海和高山聳立的必要條件陪襯，孕育出獨特的生物種類。這區區小島具有多樣氣候及地形，涵蓋所有氣

候帶，呼應了小小台灣卻擁有世界的大小生態，是身為台灣人值得驕傲的事。

（二）

曾經有這樣一座島嶼

曾經有這樣一座島嶼，雖然面積狹小，僅佔大千世界中的一小隅，卻有著寬闊的胸襟及健壯的臂膀，能包容自四面八方遠馳而來的生物，及接納各種文化間的異同，而構築起多彩多姿的寶島──臺灣。

她曾是中國岸居民心中理想的安命地；她曾經是荷蘭人手中的寶物；她，如此豐富美好，讓飛鼠可以翱翔在樹梢之間；讓候鳥有落腳的一隅；讓梅花鹿可以玩憩其中；讓黑熊安身立命。她，曾經提供萬物一個天堂、一個家。

從寶島上空往下一眺，健壯的臂膀抬起一座座青羽山峰，如針尖般直指雲間。看似威嚴的外表下，只要再往近一些，不難發現涓涓細流溫婉地走過。堅實的土壤融合柔和的流水，就好似孕育生命的搖籃般，搖著搖著，直到風兒運來遠方的種子，種子們找到其適合的溫床，於是種子發出了芽，寒帶生物和熱帶生物得以生存於副熱帶地區的奇蹟，就此迸發。

等到植物盡佈地表，動物們憑著牠們的本能，翻過峻嶺，涉過急灣，來到臺灣落地生根，綿延不絕。正因為它四面環海，有著海洋不擇江流的胸襟，於是櫻花鉤吻鮭得以游息在雪霸間的清流，臺灣黑熊可以穿梭於高聳的山林間，等到萬物之靈踏上了這片寶地，更是為它增添多元文化的色彩：來自中國、日本、東南亞，及西方社會的文化，共同為

臺灣建立起一座七色的拱橋，並炫爛、耀眼至今。

　　曾經，有這樣一座島嶼，兼併父親與母親對孩子的關愛，今日，這座孕育兼容並蓄壯舉的寶地，容納我們生長於此，立足於此，拓展每一個人兼容並蓄的獨特未來。

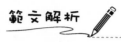

範文解析

> 　　透過「示現」，將曾經的那座島，由歷史書寫到地理，最終以人文關懷推廣到未來。

索引—試題出處
指考 99,98,97,95,93

	題次	題目	寶物	頁碼
	95年學測考題二	親師生三者評析	寶物三	68
	93學測非選題三	何義士最後一夜	寶物九	281
	94學測	失去	寶物六	176
	92年學測作文題	你的讀書歷程	寶物五	147
	90大學入學推甄試題	最遙遠的距離	寶物二	32
	89年推甄考題	我最投入的事	寶物一	20
研究試題	97語文表達能力研究用卷	我是誰	寶物一	4
	97指考預試卷1	千里步道	寶物二	60
	97年語文表達能力研究用試卷1	秋殤造句20取5	寶物十	301
	93語文表達能力研究用卷	溫室效應之我見	寶物十	297
	93語文表達能力研究用卷	曾經有這樣一座島	寶物十	308
模擬考試題	99-1台北學測聯模	相信	寶物三	92
	99-2台北市學測聯模第二題	演講稿－推薦書單	寶物五	137
	98-2台北學測聯模	旅行	寶物五	144
	98-2台北學測聯模	時間	寶物七	211
	97-1台北學測	那漢子	寶物九	266

	題次	題目	寶物	頁碼
	97-1台北學測聯模一	我的心中有一首歌	寶物一	11
	97-2台北學測聯模	幸福	寶物三	74
	96-1台北學測聯模題目	恆心耐力	寶物四	115
	96-1台北學測聯模題目	青春	寶物七	198
	93-2學測聯模	我的書房	寶物五	151
	91-1台北學測聯模	牆的獨白	寶物九	279
	91-2台北聯模	口與鼻	寶物九	287
	91雄女第二次模考	勇氣+運氣；忍耐+快樂	寶物四	122
	98-2指考聯模	傷痕實驗心得感想	寶物一	25
	98-1台北指考聯模	典論論文主旨	寶物七	196
	97-2台北指考聯模	我最想扮演的角色	寶物一	14
	97-2指考聯模	屈原與狂泉	寶物八	233
	96-2台北市指考聯合模擬考	願	寶物三	83
	96-3指考台北聯模題目	寫給司馬遷的簡訊	寶物八	242
	95-3台北指考聯模	宰我與父母喪	寶物八	230
	95-2台北指考聯模	與古人對話	寶物八	247

題次	題目	寶物	頁碼
95-1台北指考聯模試題	讀書像〇〇	寶物五	135
94-3台北指考聯模作文	書與我的故事	寶物五	149
94-3指考聯模	伯夷叔齊	寶物八	255
93-1台北市指定考科聯合模擬考作文題	愛	寶物二	42
92-3台北聯模	季札	寶物八	252
93-2台北市指考聯合模擬考	最初	寶物七	214
91-3台北指考聯模	焦桐詩心得	寶物九	271
90年台北市聯合模擬考題	八卦與媒體	寶物九	276
新竹高中94學年度第一次指考模考－擴寫	金錢與價值	寶物三	77
91-2台北市指定考科聯合模擬考作文題	原諒	寶物二	39
89年台北市聯合模擬考作文題：命題作文	無價之寶	寶物三	90
89年台北區公立高中第二學期第三次聯合模擬考題	壓力	寶物四	108

	題次	題目	寶物	頁碼
台北市立成功高中校內試題	98學年度成功高中高三作文比賽	等待	寶物六	181
	96學年度成功高中高三下學期期中考試題	尚恩的父親	寶物二	45
	97高三下期中考作文	○○的一堂課	寶物六	190
	96年成功高中高三作文比賽	緊張	寶物四	105
	95學年度成功高中高三下期中考作文題	成長	寶物六	173
	94年高三段考題	毅力與成功	寶物四	128
	94學年度成功高中高三作文比賽題目	讀書苦樂	寶物五	140
	93學年度成功高中高三第一次段考作文題	人生只有單程票	寶物七	202
台北市立成功高中學生課堂習作	99學年度成功高中學生課堂習作	我的北極星	寶物三	72
	99學年度台北市成功高中課堂練習	永恆	寶物七	209
	99學年度成功高中高一課堂習作	聆聽父（母）親	寶物二	57

	題次	題目	寶物	頁碼
	99年成功高中學生習作	寫給十九歲的自己	寶物一	17
	99學年度高一上學期第一次期中考作文	期望	寶物三	88
	台北市立成功高中96年高三課堂練習	評論管仲	寶物八	244
	97學年度台北市立成功高級中學高三課堂習作	地球永續經營	寶物十	304
	96學年度成功高中高三課堂練習	失敗	寶物四	111
	成功高中高三90學年度課堂習作	真實的財富	寶物三	86

索引—題型

題型	題次	題目	主題	頁碼
看圖寫作	99學年度高一上學期第一次期中考作文	期望	寶物三	88
	90年台北市聯合模擬考題	八卦與媒體	寶物九	276
命題寫作	95成功高中高三上學期作文比賽題目	我	寶物一	23
	96年指考作文題	探索	寶物六	179
	94年高三段考題	毅力與成功	寶物四	128
	89年台北市聯合模擬考作文題：命題作文	無價之寶	寶物三	90
	97上學期高三作文比賽題目	許自己一個美麗的未來	寶物六	187
	84年夜大聯考題	歲月的痕跡	寶物七	205
引導寫作	97學年度成功課堂習作	地球永續經營	寶物十	304
	96學測	走過	寶物二	54
	95指考	想飛	寶物三	80
	99學年度成功高中學生課堂習作	我的北極星	寶物三	72
	99學年度台北市成功高中課堂練習	永恆	寶物七	209
	100指考	深與寬	寶物六	165

題型	題次	題目	主題	頁碼
	94指考作文	回家	寶物二	51
	94學年度成功高中高三作文比賽題目	讀書苦樂	寶物五	140
	94-3台北指考聯模作文	書與我的故事	寶物五	149
	93學年度成功高中高三第一次段考作文題	人生只有單程票	寶物七	202
	93-1台北學測聯模	對手	寶物四	119
	93-1台北市指定考科聯合模擬考作文題	愛	寶物二	42
	93-2學測聯模	我的書房	寶物五	151
	92指考	猜	寶物一	7
	91-2台北市指定考科聯合模擬考作文題	原諒	寶物二	39
	90大學入學推甄試題	最遙遠的距離	寶物二	32
	90年大學聯考作文題一	一個關於□□的記憶作	寶物二	36
	成功高中高三90學年度課堂習作	真實的財富	寶物三	86
	89年推甄考題	我最投入的事	寶物一	20

題型	題次	題目	主題	頁碼
	96學年度成功高中高三下學期期中考試題—尚恩的父親	尚恩的父親	寶物二	45
	98-2指考聯模	傷痕實驗心得感想	寶物一	25
	96學年度成功高中高三課堂練習	失敗	寶物四	111
	95-1台北學測聯模一	衣服與我的故事	寶物六	184
	96-1台北學測聯模題目	恆心耐力	寶物四	115
	97-3台北指考	管仲評價	寶物八	226
	95-3台北指考聯模	宰我與父母喪	寶物八	230
	92-3台北聯模	季札	寶物八	252
	94-3指考聯模	伯夷叔齊	寶物八	255
	97-1台北學測聯模	那漢子	寶物九	266
	91-3台北指考聯模	焦桐詩心得	寶物九	271
	91-2台北聯模	口與鼻	寶物九	287
	93年語文表達能力測驗研究用試卷二	溫室效應之我見	寶物十	297
	100指考	讀萬卷書或行萬里路	寶物五	154
	98學測	蘇麗文	寶物四	103

文化生活叢書·詩文叢集　1301005

勇闖未來世界的 10 件寶物

編 著 者	范曉雯	

發 行 人	陳滿銘
總 經 理	梁錦興
總 編 輯	陳滿銘
副總編輯	張晏瑞
編 輯 所	萬卷樓圖書(股)公司
排　　版	浩瀚電腦排版(股)公司
印　　刷	百通科技(股)公司
封面設計	耶麗米工作室
發　　行	萬卷樓圖書(股)公司

臺北市羅斯福路二段 41 號 6 樓之 3
電話 (02)23216565
傳真 (02)23218698
電郵 SERVICE@WANJUAN.COM.TW
大陸經銷
廈門外圖臺灣書店有限公司
電郵 JKB188@188.COM
香港經銷
香港聯合書刊物流有限公司
電話 (852)21502100
傳真 (852)23560735

ISBN 978-957-739-731-7
2016 年 9 月初版四刷
2011 年 10 月初版
定價：新臺幣 380 元

如何購買本書：
1. 劃撥購書，請透過以下帳號
   帳號：15624015
   戶名：萬卷樓圖書股份有限公司
2. 轉帳購書，請透過以下帳戶
   合作金庫銀行 古亭分行
   戶名：萬卷樓圖書股份有限公司
   帳號：0877717092596
3. 網路購書，請透過萬卷樓網站
   網址 WWW.WANJUAN.COM.TW
大量購書，請直接聯繫，將有專人
為您服務。(02)23216565 分機 10

如有缺頁、破損或裝訂錯誤，請寄
回更換

國家圖書館出版品預行編目資料

勇闖未來世界的 10 件寶物 ／ 范曉雯編
著.-- 初版.-- 臺北市 ：萬卷樓, 2011.10
　面 ；　公分

ISBN 978-957-739-731-7(平裝)
1.漢語教學 2.作文 3.寫作法 4.中等教育

524.313　　　　　　　　　　100021496